DE L'ÉDUCATION

DES ENFANTS.

DE L'IMPRIMERIE DE FIRMIN DIDOT.

DE L'ÉDUCATION

DES ENFANTS,

PAR J. LOCKE,

TRADUIT DE L'ANGLAIS PAR COSTE.

NOUVELLE ÉDITION,

A LAQUELLE ON A JOINT LA MÉTHODE OBSERVÉE POUR
L'ÉDUCATION DES ENFANTS DE FRANCE.

REVUE PAR M. THUROT,

Professeur de Philosophie au Collége Royal de France
et à la Faculté des lettres de Paris.

TOME II.

A PARIS,

Chez : {BOSSANGE, père et fils, rue de Tournon, n° 6.
{FIRMIN DIDOT, père et fils, rue Jacob, n° 24.

1821.

DE L'ÉDUCATION

DES ENFANTS.

SECTION XIV.

DE LA CRAINTE ET DU COURAGE; MOYEN D'INSPIRER CE DERNIER AUX ENFANTS.

---

§ CXVII.

Si un enfant se jette témérairement dans le péril, ce qu'il faut faire pour le corriger de ce défaut.

LA lâcheté et le courage ont une liaison si étroite avec les qualités dont je viens de parler, qu'il ne sera pas mal d'en toucher ici un mot en passant. La crainte est une passion qui, bien ménagée, a ses usages; et, quoique pour l'ordinaire l'amour de notre propre conservation rende cette passion assez vigilante en nous, et la maintienne dans un assez haut point, il peut arriver pourtant qu'on tombe dans l'extrémité opposée, et qu'on pèche par trop de hardiesse; car il est aussi déraisonnable d'être téméraire et insensible au danger, que de trembler et de frémir à l'approche du moindre mal.

La crainte nous a été donnée pour exciter notre application, et pour nous tenir en garde contre les approches du mal; de sorte que ne craindre point un mal prêt à éclater, et ne pas juger sainement de l'importance d'un danger, mais s'y précipiter aveuglément, sans considérer quelles peuvent en être les suites, c'est agir en bête féroce, et non pas comme une créature raisonnable. Ceux qui ont des enfants de ce tempérament n'ont qu'à leur ouvrir un peu les yeux en les engageant à consulter la raison, dont ils seront bientôt disposés à écouter les avis par l'amour de leur propre conservation, à moins que quelque autre passion ne les force (comme il

arrive d'ordinaire) à courir bride abat-
tue dans le danger. L'aversion pour le
mal nous est si naturelle, que personne, je
pense, ne peut s'empêcher de le craindre, la crainte n'étant autre chose qu'une
inquiétude causée en nous par la pensée
qu'il peut nous arriver quelque chose
de fâcheux. Ainsi l'on peut assurer que
toutes les fois qu'un homme se jette
dans quelque danger, c'est ou par ignorance, ou parce qu'il est maîtrisé par
quelque autre passion plus impérieuse
que la crainte : car personne n'est si
ennemi de soi-même, qu'il s'expose au
mal de gaieté de cœur, et qu'il recherche le danger pour l'amour du danger
même. Si donc on s'aperçoit que c'est
l'orgueil, la vaine gloire ou l'emporte-
ment qui étouffent la crainte dans un
enfant, ou qui l'empêchent d'écouter
ses conseils, il faut réprimer ces passions par des moyens convenables, afin
qu'un peu de réflexion puisse modérer
son ardeur, et l'obliger à considérer sérieusement en lui-même si l'entreprise
mérite qu'il s'expose au danger qui en

est inséparable. Mais comme c'est une faute que les enfants commettent rarement, je ne m'arrêterai pas à indiquer en détail les moyens de les en corriger. Les enfants sont communément sujets au défaut opposé, qui est un manque de fermeté; et par conséquent il sera nécessaire d'insister particulièrement sur cet article.

§ CXVIII.

Moyen d'inspirer du courage aux enfants.

La force d'esprit est comme le soutien et le rempart de toutes les autres vertus; et sans le courage à peine peut-on demeurer ferme dans son devoir, et remplir le caractère d'un véritable honnête homme.

Le courage, qui fortifie l'homme contre les périls qu'il appréhende et contre les maux qu'il sent actuellement, est d'un grand usage dans l'état où nous vivons sur la terre, exposés de tous côtés à tant de différents assauts : c'est pourquoi il est fort nécessaire que les

parents prennent soin d'armer leurs enfants de ce bouclier aussitôt qu'ils peuvent. J'avoue que le tempérament naturel est d'un grand secours dans cette
affaire. Mais lors même qu'il vient à
manquer, et que le cœur est de lui-
même faible et timide, on peut encore
le rendre par art plus ferme et plus
hardi. J'ai déjà remarqué ce qu'il faut
faire pour empêcher que le courage des
enfants ne soit amolli et abattu par des
idées effrayantes dont on leur frappe
l'esprit lorsqu'ils sont encore tout jeunes, et par l'habitude qu'on leur laisse
prendre de s'abandonner aux plaintes
pour le moindre mal qu'ils souffrent.
Voyons maintenant de quelle manière
nous pourrons endurcir leur tempérament, et leur élever le cœur lorsque
nous le trouvons d'un naturel trop timide.

La véritable valeur consiste, si je ne
me trompe, à se posséder tranquillement soi-même, et à demeurer constamment attaché à son devoir, de quelque
mal qu'on soit pressé et à quelque dan-

ger qu'on soit exposé; il y a si peu d'hommes faits qui arrivent à ce point de perfection, que nous ne devons pas l'attendre des enfants. Cependant il y a moyen de gagner quelque chose sur eux à cet égard : et qui s'y prendra comme il faut, pourra par des degrés insensibles les mener plus loin qu'on ne saurait croire.

C'est peut-être à cause qu'on néglige si fort les enfants sur cet important article quand ils sont jeunes, qu'il y a si peu d'hommes faits qui possèdent cette vertu dans toute son étendue. Je ne devrais pas dire ceci au milieu d'une nation si naturellement brave que la nôtre, si je croyais que la véritable valeur ne consistât qu'à montrer du courage dans un champ de bataille, et à mépriser la vie en présence des ennemis. Ce n'en est pas, je l'avoue, une des moindres parties, et l'on ne peut refuser à cette espèce de courage les louanges et les honneurs qui sont toujours dus à ceux qui exposent leur vie pour le service de leur pays. Mais ce

n'est pas tout, les dangers nous atta-
quent ailleurs que dans un champ de
bataille; et, quoique la mort soit le plus
épouvantable de tous les objets, la douleur, le mépris et la pauvreté ne laissent pas d'avoir un air affreux, et très-
capable de déconcerter la plupart des
hommes qui voient ces maux tout prêts
à fondre sur eux; et s'il se trouve des
gens qui en méprisent quelques-uns,
ils sont pourtant épouvantés du reste.
Cependant la véritable valeur est pré-
parée à toute sorte de périls. Je n'entends pas par-là qu'elle ne doive être
susceptible d'aucun degré de crainte;
car où le danger paraît, il produit quelque appréhension dans tout esprit qui
n'est pas entièrement stupide. Nous devrions reconnaître le danger par-tout
où il est véritablement, et avoir un degré de crainte qui servît à nous tenir
éveillés, à exciter notre attention, notre
vigueur et notre industrie, mais sans
nous empêcher de faire tranquillement
usage de notre raison, et d'exécuter tout
ce qu'elle nous suggère.

La première chose qu'il faut faire pour procurer aux enfants cette noble fermeté, c'est, comme il a été dit ci-dessus, d'empêcher soigneusement que leur ame ne soit frappée durant leur première jeunesse, d'aucune idée effrayante, ou par des discours capables de les épouvanter, ou par quelque objet terrible qu'on présente inopinément à leur vue pour les surprendre. Bien souvent on cause par-là un si grand désordre dans les esprits, qu'ils n'en reviennent jamais; de sorte qu'à la moindre suggestion ou apparence de quelque idée effrayante, les esprits se dissipent encore, et retombent dans un pareil désordre; le corps s'affaiblit, l'ame se trouble, et l'homme est à peine capable d'aucune action raisonnable. Quel qu'en soit le principe, soit un mouvement habituel des esprits animaux produit par la première impression violente qu'ils ont reçue, soit quelque changement arrivé à la constitution de l'enfant d'une manière encore plus inexplicable, le fait est certain; car on voit tous les jours des exemples de personnes qui, durant tout le cours de leur vie, ont l'esprit faible et timide pour avoir été épouvantés dans leur jeunesse : il ne faut donc rien négliger pour prévenir cet inconvénient.

Ce qu'on doit faire après cela, c'est d'accoutumer insensiblement les enfants aux objets qui leur causent le plus de frayeur, mais en prenant bien garde de ne pas aller trop vîte, et de ne pas entreprendre cette cure trop tôt de peur d'augmenter le mal au lieu de le guérir. Il est aisé d'éloigner toute sorte d'objets effrayants de la vue des enfants qui sont encore à la mamelle : car jusqu'à ce qu'ils puissent parler et comprendre ce qu'on leur dit, il serait inutile de leur proposer des raisons pour leur faire voir qu'il n'y a rien à craindre de la part de ces objets effrayants que nous voudrions leur rendre familiers en les approchant tous les jours plus près d'eux par des degrés insensibles. Mais avec tout cela s'il arrive qu'un enfant qui est encore à la mamelle ait été choqué de la vue de certaines choses qu'on ne peut

pas dérober commodément à sa connaissance, et qu'il donne des signes
de crainte toutes les fois qu'elles paraissent devant ses yeux, il faut en ce cas-
là employer toute sorte de moyens pour
diminuer sa frayeur, ou en détournant
ses pensées ailleurs, ou en joignant à
ces objets des images plaisantes et agréables à voir jusqu'à ce qu'ils lui soient
devenus si familiers qu'ils ne lui fassent
plus aucune peine.

Il est, ce me semble, assez facile d'a-
percevoir que tous les objets visibles
qui ne blessent point les yeux, sont
tout-à-fait indifférents à des enfants nou-
vellement nés, et que d'abord ils ne
sont pas plus épouvantés de la présence
d'un mort ou d'un lion, que de la vue
de leur nourrice ou d'un chat. Qu'est-
ce donc qui dans la suite leur fait craindre des choses d'une certaine figure et
d'une certaine couleur? Rien que l'appréhension du mal que ces choses peuvent leur faire. Je crois pour moi qu'un
enfant qui tetterait tous les jours une
nouvelle nourrice, ne serait non plus

épouvanté de ce continuel changement de visage à six mois qu'à l'âge de soixante ans. Ainsi la raison pour laquelle il ne veut pas approcher d'un étranger, c'est qu'ayant été accoutumé à ne recevoir de la nourriture et des caresses que d'une ou de deux personnes qui sont ordinairement auprès de lui, il appréhende qu'en venant entre les bras d'un étranger il ne soit privé de ce qui lui donne du plaisir et le nourrit, et qui pourvoit sans cesse à des besoins qu'il ressent fort souvent : c'est par la même raison qu'il a peur quand sa nourrice n'est pas avec lui.

La seule chose que nous appréhendons naturellement, c'est la douleur ou la privation du plaisir; et parce que ces deux choses ne sont attachées à aucune figure, couleur ou grandeur des objets visibles, nous ne sommes épouvantés d'aucun de ces objets, qu'après qu'ils nous ont causé de la douleur, et qu'on nous a persuadés qu'ils pourront nous faire du mal. L'agréable lueur de la flamme et du feu charme si fort les enfants, que lorsqu'ils voient du feu pour la première fois, ils ont toujours envie de l'empoigner. Mais après qu'une constante expérience les a convaincus par la douleur piquante que le feu leur a causée, combien il est cruel et impitoyable, ils craignent de le toucher, et l'évitent avec un très-grand soin. Tel étant le fondement de la crainte, il n'est pas mal-aisé de trouver d'où elle naît, et de quels moyens on doit se servir pour la dissiper lorsqu'elle est produite par des objets dont on s'alarme à fausses enseignes ; et lorsque l'ame est une fois aguerrie contre ces objets, et qu'elle a remporté une véritable victoire sur elle-même et sur ses frayeurs ordinaires dans de petites occasions, elle est dès-là fort bien disposée à affronter des périls plus réels. Votre enfant frémit et prend la fuite à la vue d'une grenouille : faites prendre une grenouille à une autre personne, et lui ordonnez de la mettre à une bonne distance de votre enfant. Accoutumez-le premièrement à jeter les yeux dessus, et quand il peut la regar-

der sans peine, à la souffrir plus près
de lui et à la voir sauter sans émotion ;
après cela, faites-la lui toucher légère-
ment pendant qu'un autre la tient ferme
entre ses mains, continuant ainsi par
degrés à lui rendre cet animal familier
jusqu'à ce qu'il puisse le manier avec
autant d'assurance qu'il manie un pa-
pillon ou un moineau. Par la même
méthode, vous pourrez affranchir votre
enfant de toute autre frayeur chiméri-
que, si vous prenez bien garde de n'aller pas trop vîte, et que vous n'exigiez
point de lui un nouveau degré d'assurance avant qu'il soit entièrement con-
firmé dans celui qui précède immédiatement : c'est ainsi qu'il faut tâcher de
discipliner ce jeune soldat, prenant soin
d'ailleurs de ne pas lui faire regarder
plus de choses comme dangereuses qu'il
n'y en a effectivement. Remarquez-vous
qu'il soit plus épouvanté de certains
objets qu'il ne devrait, engagez-le peu-
à-peu à les envisager de près, jusqu'à
ce que libre de crainte il sorte de cette
espèce de combat. En remportant sou-

vent de telles victoires, il verra que les maux ne sont pas toujours si réels ou si grands que la peur nous les représente, et que le vrai moyen de les éviter n'est pas de fuir, de se laisser troubler, confondre et abattre par la crainte dans les occasions où notre réputation et notre devoir nous obligent à ne pas abandonner l'entreprise que nous avons en main.

Mais puisque la douleur est le grand fondement de la crainte des enfants, si vous voulez les fortifier contre la crainte et le danger, accoutumez-les à souffrir la douleur. Cet expédient paraîtra peut-être fort inhumain à des pères et à des mères tout pénétrés de tendresse pour leurs enfants; et la plupart trouveront qu'il est contre toute raison d'exposer un enfant à la douleur pour tâcher de lui en rendre le sentiment plus supportable. « C'est peut-être un bon moyen, « me dira-t-on, de lui inspirer de l'aver- « sion pour celui qui le fera souffrir, « mais comment est-il possible qu'on « puisse jamais l'accoutumer par-là à

« souffrir sans répugnance ? Étrange mé-
« thode ! Vous ne voulez pas qu'on fouette
« ni qu'on châtie les enfants pour les
« fautes qu'ils viennent à commettre, et
« vous voudriez qu'on les tourmentât
« pour le plaisir de les tourmenter dans
« le temps qu'ils s'acquittent fort bien
« de leur devoir. » Je ne doute point qu'on
ne me fasse de pareilles objections, et
qu'on ne m'accuse de détruire ici moi-
même ce que j'ai établi ailleurs. J'avoue
que ce que je propose ici d'accoutumer
les enfants à souffrir la douleur, doit
être ménagé avec beaucoup de discré-
tion, c'est pourquoi c'est un bonheur
qu'il ne soit approuvé que de ceux qui
examinent et pénètrent exactement les
raisons des choses. Je ne serais pas d'avis
qu'on battit beaucoup les enfants pour
les fautes qui leur échappent, parce que
je ne voudrais pas qu'ils regardassent la
douleur du corps comme la plus grande
des punitions ; et par la même raison je
voudrais que, lorsqu'ils font leur devoir, ils fussent exposés quelquefois à la

douleur, afin qu'ils pussent s'accoutumer à souffrir la douleur sans la considérer comme le plus grand mal qui
puisse leur arriver. L'exemple de Sparte
suffit pour montrer combien l'éducation
est capable de perfectionner les jeunes
gens à cet égard; et quiconque en est
venu à ce point de ne pas regarder la
douleur du corps comme le plus grand
des maux, ou comme ce qu'il doit le
plus appréhender, n'a pas fait de petits
progrès dans la vertu. Du reste je ne
suis pas si fou que de proposer l'usage
de la discipline de Sparte dans ce siècle
et sous un gouvernement tel que le
nôtre; mais je ne laisserai pas de dire
que le vrai moyen d'inspirer aux enfants du courage et de la résolution tout
le reste de leur vie, c'est de les accoutumer peu-à-peu à souffrir patiemment
et sans se troubler quelques degrés de
douleur.

Pour cet effet, il faut en premier lieu
ne pas leur témoigner qu'on les plaint,
ni leur permettre de se plaindre eux-

mêmes pour le moindre petit mal qu'ils souffrent ; mais c'est de quoi j'ai déja parlé ailleurs (§ XCV).

L'on doit, après cela, les exposer tout exprès à la douleur ; mais il faut prendre son temps, et n'en venir là que lorsque l'enfant est de bonne humeur, et qu'il est persuadé de l'affection de celui qui le traite de cette manière. On doit encore prendre bien garde de ne pas donner en cette occasion la moindre marque de colère ou de chagrin, non plus que de compassion ou de repentir, et sur-tout de ne pas charger l'enfant de plus qu'il ne peut endurer, sans gronder ou sans regarder sous l'idée de punition le mal qu'on lui fait souffrir. J'ai vu donner de bons coups de gaule avec le ménagement, et dans les circonstances que je viens de marquer, à un enfant qui n'en faisait que rire, quoiqu'il n'eût pu s'empêcher de verser des larmes et d'être sensiblement affligé, si la même personne qui lui donnait ces coups lui eut dit un mot un peu rude, ou l'eût regardé avec froideur pour le punir de quelque faute. Persuadez une fois votre enfant par vos soins et par des marques constantes d'affection que vous l'aimez parfaitement, et soyez sûr que vous pourrez l'accoutumer par degrés à endurer sans aucune répugnance et sans se plaindre, des choses fort pénibles et fort rudes, que vous trouverez à propos de lui imposer ; ce qu'on voit faire tous les jours aux enfants qui sont à jouer ensemble, suffit pour vous en convaincre. Plus vous trouverez votre enfant tendre et délicat, plus vous devez tâcher de l'endurcir à la peine, de la manière que je viens de dire. Dans cette affaire le grand point consiste à commencer d'abord par quelque chose qui ne soit pas fort pénible, et à continuer par des degrés insensibles dans le temps que vous riez, que vous badinez avec lui, et que vous le louez ; car s'il en vient une fois à se croire assez récompensé des fatigues ou de la douleur qu'il endure, par les éloges qu'on donne à son courage, et à trouver un sujet de gloire dans ces épreuves de fermeté, en sorte qu'il aime mieux passer pour brave et hardi, que d'éviter une petite douleur, ou de succomber lâchement à ses atteintes, comptez hardiment qu'avec le temps, et par le secours de sa raison qui se fortifie tous les jours, vous pourrez vaincre sa timidité et corriger la faiblesse de sa complexion. A mesure qu'il devient plus grand, poussez-le à des entreprises plus hardies que celle où son tempérament le porte naturellement; et si vous remarquez qu'il évite de tenter une chose dont il y a lieu de croire qu'il pourrait fort bien venir à bout, s'il avait le courage de l'entreprendre, donnez-lui d'abord quelque assistance, et tâchez par degrés de l'y engager par un motif d'honneur, jusqu'à ce qu'enfin ayant acquis plus de fermeté par la pratique, il puisse faire la chose sans aucune peine : auquel cas ne manquez pas de le combler de louanges, et de lui faire sentir qu'il s'attire par-là l'estime de tous ceux qui le connaissent. Après qu'il aura acquis par ce moyen assez de résolution pour n'être pas détourné de ce qu'il doit faire par la crainte du danger, et que dans des rencontres imprévues ou hasardeuses, la peur ne mettant plus son esprit et son corps en désordre, ne lui ôtera ni la capacité ni la volonté d'agir, dès-lors on peut assurer qu'il a tout le courage qui convient à une créature raisonnable; et c'est cette fermeté de corps et d'esprit qu'on devrait tâcher de produire dans les enfants par l'usage, à mesure que l'occasion s'en présente naturellement.

SECTION XV.

COMMENT IL FAUT CORRIGER LES ENFANTS DE L'INCLINATION QU'ILS ONT A LA CRUAUTÉ.

§ CXIX.

JE parlerai maintenant d'un vice que j'ai souvent remarqué dans les enfants, c'est *que, lorsqu'ils ont en leur puissance quelque pauvre animal, ils sont portés à le maltraiter.* S'il leur tombe entre les mains de petits oiseaux, des papillons et autres petites bêtes, il arrive souvent qu'ils les tourmentent, et les traitent avec la dernière cruauté, et cela avec une espèce de plaisir. Je serais d'avis qu'on observât les enfants sur cet article; et que, si l'on découvrait qu'ils soient sujets à cette espèce de cruauté, on leur apprît à tenir une conduite toute

opposée : car la coutume de tourmenter et de tuer des bêtes, les rendra insensiblement durs et cruels à l'égard des
hommes. Ceux qui se plaisent à faire
souffrir des créatures qui leur sont in-
férieures, ou à les tuer, ne sont pas
fort portés à avoir pitié de celles qui
sont de leur espèce. C'est sur cela qu'est
fondé l'usage établi en Angleterre d'exclure les bouchers du nombre des jurés
choisis pour les affaires criminelles où
la condamnation emporte sentence de
mort. Il faut donc prendre soin d'élever
d'abord les enfants de telle sorte, qu'ils
aient horreur de tuer ou de tourmenter des animaux; et leur apprendre à ne
pas gâter ou détruire la moindre chose,
si ce n'est pour la conservation ou pour
le bien d'une autre chose qui soit d'une
nature plus excellente. Et certainement,
si chaque homme en particulier se croyait
obligé de contribuer, autant qu'il est en
son pouvoir, à la conservation du genre
humain, comme en effet c'est là le devoir de tous les hommes, et le vrai principe sur lequel nous devrions tous ré-

gler notre religion, notre politique et notre morale, le monde serait bien plus tranquille et plus civilisé qu'il n'est.

Mais pour venir à mon sujet, je ne puis m'empêcher de louer ici la prudence et la douceur d'une femme de ma connaissance. Elle avait accoutumé de satisfaire toutes les petites envies de ses filles, de leur donner des chiens, des écureils, des oiseaux, et autres petites bêtes qui servent d'amusement aux jeunes filles. Mais lorsqu'elles avaient une fois ces animaux en leur puissance, elle les obligeait à les bien entretenir, et à prendre garde que rien ne leur manquât, ou qu'ils ne fussent point maltraités : et si elles négligeaient d'en prendre soin, cela leur était compté pour une grosse faute. Bien souvent on leur ôtait ces petites bêtes, ou du moins on les censurait pour leur négligence. Par ce moyen ces jeunes filles apprenaient de bonne heure à être exactes, et à avoir l'humeur douce et bienfaisante. Et pour moi, je crois qu'on devrait accoutumer les hommes à avoir, dès le berceau, de la tendresse pour toutes les créatures douées de sentiment, et à ne gâter ou détruire quoi que ce soit. Je ne saurais me mettre dans l'esprit que le plaisir que les enfants prennent à faire du mal (par où j'entends le plaisir qu'ils prennent à gâter les choses sans nécessité, mais plus particulièrement la joie qu'ils goûtent à faire souffrir de la douleur à des créatures vivantes), je ne saurais, dis-je, me figurer qu'une telle inclination leur soit naturelle, et que ce soit autre chose qu'une habitude produite par l'exemple et par la conversation des hommes. On apprend ordinairement aux enfants à se battre, et à rire lorsqu'ils font du mal aux autres, ou qu'ils voient qu'il leur en arrive; et la conduite de la plupart des personnes qui sont auprès d'eux, les confirme dans cette malheureuse disposition d'esprit. Tout ce qu'on leur apprend de l'histoire ne consiste presque en autre chose qu'en récits de combats et de massacres, et enfin les glorieux éloges dont on comble les conquérants (vrais bourreaux du genre humain, pour la plupart), achèvent de corrompre l'esprit des jeunes gens, qui dès-là se figurent que l'art de tuer les hommes est la chose du monde la plus louable et la plus héroïque. Par ce moyen, la cruauté, toute contraire qu'elle est à notre nature, s'empare insensiblement de nos cœurs; et ce que l'humanité abhorre, la coutume nous le rend agréable, en nous le faisant regarder comme un chemin qui conduit à la gloire. Voilà comment la mode et l'opinion générale font passer pour un plaisir ce qui ne l'est point en soi, ni ne saurait l'être. C'est donc là un inconvénient auquel il faudrait remédier de bonne heure par toute sorte de moyens, en substituant à la place de cette fatale passion, l'inclination contraire, qui est bien plus naturelle à l'homme, je veux dire la compassion et l'humanité; dispositions qu'il faut tâcher d'entretenir dans les enfants, mais toujours par des voies de douceur. Il ne sera peut-être pas hors de propos d'ajouter ici qu'à l'égard des malheurs ou des accidents qui arrivent en badi-

nant et par inadvertance, ou par ignorance, et qui ne peuvent passer pour
des effets de malice et d'une mauvaise
intention, quoique peut-être ils aient
quelquefois des suites très-fàcheuses (1),
il faut, ou n'en prendre point du tout
de connaissance, ou n'en parler qu'avec
beaucoup de douceur; car, à mon avis,

-----

(1) Il me souvient ici d'un exemple de douceur,
qui, pour être accompagné de circonstances un
peu différentes de celles que M. Locke vient de
proposer, n'en est que plus propre à confirmer
sa règle : c'est la manière dont Auguste en usa
avec l'intendant de sa maison, qui se promenant
un jour avec lui, fut si fort troublé de crainte à la
vue d'un sanglier qui vint tout d'un coup vers eux,
qu'il se mit à couvert du danger en y exposant
l'empereur lui-même. La faute était capitale par
rapport aux suites qu'elle pouvait produire; mais
Auguste ne l'examinant que du côté de l'intention, se contenta de tourner la chose en raillerie :
*Diomedem dispensatorem, à quo simul ambulante,
incurrenti repentè fero apro per metum objectus
est, maluit timidatis arguere quam noxæ : remque
non minimi periculi, quia tamen fraus aberat, in
jocum vertit.* (SUETONIUS, in vitâ Augusti, cap.
LXVII.

on ne saurait inculquer trop souvent à
ceux qui se chargent d'élever les enfants,
que, quelque faute que commette un en-
fant, et de quelque importance qu'elle
soit, la seule chose à laquelle on doit
avoir égard, lorsqu'on en prend con-
naissance, c'est à la cause qui l'a pro-
duite, et à l'habitude qui en peut naître.
C'est sur cela, dis-je, qu'il faut régler la
correction, sans jamais permettre qu'un
enfant soit châtié pour quelque mal
qu'il ait fait en badinant, ou par inadvertance. Les fautes qui viennent de la
volonté sont les seules qu'il faut punir :
et même si elles sont de telle nature
qu'elles puissent être corrigées par l'âge,
ou qu'on n'ait aucun sujet de craindre
qu'elles produisent de mauvaises habitudes, il faut passer au-dessus sans faire
semblant de les remarquer, de quelques
fâcheuses circonstances qu'elles soient
accompagnées d'ailleurs.

§ CXX.

Il faut inspirer aux enfants des sentiments d'humanité pour leurs inférieurs, et sur-tout pour les domestiques.

Un autre moyen d'inspirer de l'humanité aux jeunes gens, et d'empêcher qu'ils n'en perdent jamais le goût, c'est de les accoutumer à traiter civilement, et en paroles et en actions leurs inférieurs, le petit peuple, et sur-tout les domestiques; car il n'est que trop ordinaire de voir dans les bonnes familles que les enfants de la maison parlent aux domestiques en termes insolents et pleins de mépris, et les traitent d'une manière hautaine et impérieuse comme s'ils étaient d'une espèce différente et fort inférieure à la leur. Que cette injuste fierté soit produite en eux, ou par de mauvais exemples, ou par la supériorité de leur fortune, ou par une vanité naturelle, il faut la prévenir ou l'extirper dès qu'elle vient à paraître, et substituer à la place un esprit de douceur et d'humanité qui les rende civils et affables envers les personnes de la plus basse condition. Ils ne perdront rien par-là de leur supériorité. Au contraire l'autorité qui est attachée à leur rang n'en sera que plus grande, leurs inférieurs joignant à la soumission et à la déférence extérieure qu'ils auront pour eux un amour et une estime sincères pour leurs personnes; et en particulier les domestiques les serviront avec plus d'empressement et de plaisir, voyant qu'ils ne sont point maltraités à cause que la fortune les a mis au-dessous des autres hommes, et, pour ainsi dire, sous les pieds de leurs maîtres. Il ne faudrait jamais souffrir que la différence des conditions fît perdre aux enfants le respect qu'ils doivent à la nature humaine; plus ils sont élevés et opulents, plus on devrait avoir soin de leur apprendre à être doux, tendres et obligeants envers ceux de leurs frères, qui sont d'un rang inférieur, et plus mal partagés des biens de la fortune. Si dès le berceau on leur laisse la liberté de maltraiter certaines personnes, parce

qu'ils croient avoir quelque peu de pouvoir sur eux en vertu de la qualité de
leur père, c'est tout au contraire une
marque de mauvaise éducation ; mais si
l'on n'y prend garde, cette licence aug-
mentant, leur fierté naturelle les accou-
tumera par degrés à n'avoir que du mépris pour leurs inférieurs ; ce qui ne doit
aboutir, selon toutes les apparences,
qu'à l'oppression et à la cruauté.

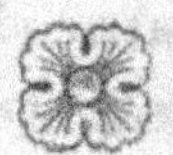

SECTION XVI.

DE LA CURIOSITÉ DES ENFANTS, COMMENT ELLE DOIT ÊTRE MISE À PROFIT.

§ CXXI.

Curiosité nécessaire dans les enfants.

La *curiosité* dont nous avons eu occasion de dire un mot ailleurs (§ CIX), n'est dans les enfants qu'un désir de connaître; il faut donc tâcher de l'augmenter en eux, non-seulement à cause qu'elle donne de belles espérances de celui en qui elle se trouve, mais encore parce que c'est un excellent moyen que la nature a ménagé pour dissiper l'ignorance dans laquelle ils viennent au monde, et qui, sans ce désir qui les porte à demander d'être instruits des choses, changerait les enfants en autant de créatures stupides et de nul usage. Voici, si je ne me trompe, les moyens d'exciter dans les enfants cette sorte de curiosité, et de la tenir toujours en mouvement et en action.

Moyens de l'entretenir en eux.
Premier moyen.

Quelques questions qu'un enfant puisse faire, il n'en faut rejeter aucune avec mépris, ni permettre qu'on en fasse des railleries. Au contraire il faut répondre à tout ce qu'il demande, et lui expliquer les choses qu'il a envie de savoir de telle manière qu'on les lui rende aussi intelligibles que son âge et l'étendue de ses lumières le peuvent permettre. Mais prenez garde de ne pas lui brouiller l'esprit par des explications ou des idées qui passent son intelligence, ou en lui proposant quantité de choses qui n'ont aucun rapport à ce qu'il a dessein de savoir en ce moment. Lorsqu'il vous fait une question, remarquez plutôt ce qu'il veut dire, que les paroles dont il se sert pour exprimer sa pensée; et

après que vous l'aurez pleinement instruit de ce qu'il voulait savoir, vous
verrez qu'il portera ses pensées sur de
nouveaux objets ; et qu'en répondant
ainsi à toutes ses questions d'une manière juste et précise, vous pourrez le
mener plus loin que vous n'oseriez peut-
être vous l'imaginer, car la connaissance
est aussi agréable à l'entendement que
la lumière l'est aux yeux ; et les enfants
en particulier se plaisent extrêmement
à acquérir de nouvelles connaissances,
sur-tout s'ils voient qu'on écoute leurs
questions, et qu'on excite et loue en
eux le désir qu'ils ont d'être instruits ;
et je ne doute point qu'une des grandes
raisons pourquoi la plupart des enfants
s'abandonnent entièrement à de vains
amusements, et emploient tout leur
temps à des bagatelles, c'est parce qu'ils
ont vu qu'on méprisait leur curiosité,
et qu'on ne faisait aucun cas de leurs
questions. Mais si on les avait traités
avec plus de considération et de douceur, et qu'on eût pris la peine de répondre comme il fallait à leurs questions

d'une manière satisfaisante, je suis assuré qu'ils n'auraient pas pris tant de plaisir à revenir toujours aux mêmes jeux et aux mêmes divertissements, qu'à apprendre et à faire tous les jours quelque progrès dans la connaissance des choses dans lesquelles ils auraient trouvé sans cesse de la nouveauté et de la variété : deux circonstances qui plaisent sur-tout aux enfants.

§ CXXII.

Second moyen.

Non seulement il faut répondre sérieusement aux enfants, et les instruire de ce qu'ils désirent savoir, comme si c'était une matière qu'il leur importât de connaître ; il faut, outre cela, les exciter à cette espèce de curiosité par quelques louanges particulières. Il faut parler devant eux de la connaissance que des personnes qu'ils estiment, ont de telles ou telles choses ; et comme, même dès le berceau, nous sommes tous pleins de fierté et d'orgueil, il faut flatter leur vanité par des choses qui les rendent gens de bien, et faire en sorte que leur fierté les porte à des choses qui puissent tourner à leur avantage. Sur ce fondement vous trouverez qu'il n'y a point de motif plus capable d'obliger l'aîné d'une famille à apprendre quelque chose, que de lui mettre dans l'esprit de l'enseigner lui-même à ses frères et à ses sœurs.

§ CXXIII.

Troisième moyen.

En troisième lieu, comme il ne faut jamais négliger les questions que font les enfants, aussi faut-il prendre un grand soin de ne leur faire jamais des réponses trompeuses et illusoires. Les enfants connaissent facilement quand on les méprise ou qu'on les trompe ; et ils apprennent à être négligents, dissimulés et menteurs, voyant que d'autres tombent dans les mêmes défauts. Nous ne devons jamais parler contre la vérité dans aucune conversation que ce soit,

mais encore moins avec des enfants ;
car si nous leur faisons quelque super-
cherie, non-seulement nous trompons
leur attente, et empêchons qu'ils ne
s'instruisent, mais nous corrompons leur
innocence, et leur enseignons le plus
dangereux de tous les vices. Les enfants
sont autant de voyageurs arrivés nou-
vellement dans un pays étranger, qui
leur est entièrement inconnu, c'est pourquoi nous devons faire conscience de
les jeter dans l'erreur ; et quoique leurs
questions semblent quelquefois d'une
très-petite importance, il y faut répondre sérieusement, car quelque indignes
qu'elles nous paraissent d'être proposées,
à nous qui en connaissons le dénouement depuis long-temps, elles ne laissent pas d'être importantes à l'égard de
ceux à qui ce dénouement est tout-à-fait
inconnu. Comme les enfants ignorent
tout ce que nous savons le mieux, et
que toutes les choses qui se présentent à
eux leur sont d'abord inconnues comme
elles nous l'ont été autrefois à nous-
mêmes, ceux-là sont heureux qui ren-

contrent des gens obligeants pour s'accommoder à leur ignorance, et les aider à s'en dégager. Si vous ou moi devions aller maintenant habiter dans le Japon, avec toute notre prudence et toutes nos lumières, qui sont peut-être la cause que nous sommes si fort portés à mépriser les pensées et les questions des enfants, il est certain que si nous voulions nous informer de ce qu'il y a à connaître dans ce royaume, nous ferions mille questions qu'un Japonais sot et orgueilleux regarderait comme ridicules et impertinentes, et qui seraient pourtant fort naturelles à notre égard; en ce cas-là nous serions bien aises de rencontrer quelqu'un qui eût assez de civilité et de complaisance pour satisfaire à toutes nos questions, et pour nous tirer de notre ignorance.

Dès que quelque chose de nouveau se présente aux yeux des enfants, ils demandent ordinairement *qu'est-ce que c'est?* question qu'un étranger a accoutumé de faire lorsqu'il voit une chose qui lui est inconnue. Par-là ils n'ont ordinairement en vue que d'apprendre le nom d'une chose, de sorte que pour l'ordinaire, en leur disant comment on l'appelle, on répond exactement à cette demande; ce que les enfants ont accoutumé de demander ensuite, c'est, *à quoi sert cela?* Il faudrait encore répondre sincèrement et directement à cette question. Pour cet effet il faudrait leur apprendre l'usage de la chose, et leur expliquer comment on s'en sert, et cela d'une manière proportionnée à leur capacité; que si, à l'occasion de quelques autres circonstances, ils viennent à vous faire quelque nouvelle demande pour mieux connaître la chose, vous ne devez point les laisser passer outre, que vous ne leur ayez donné tous les éclaircissements que leur esprit est capable de recevoir, les engageant ainsi par vos réponses à faire de nouvelles questions, et peut-être qu'une semblable conversation ne paraîtra pas si ridicule et si frivole à un homme fait, qu'on se l'imagine ordinairement. Les questions que des enfants curieux proposent naturellement d'eux-mêmes, sans que personne les leur suggère, donnent souvent occasion de traiter des matières qui peuvent exercer l'esprit d'un habile homme. Je crois même que le plus souvent les questions inopinées que fait un enfant, sont plus instructives que des discours d'hommes faits, qui pour l'ordinaire parlent par routine, conformément à certaines notions empruntées, et aux préjugés de leur éducation.

§ CXXIV.

Quatrième moyen.

Afin d'exciter la curiosité des enfants, il ne serait peut-être pas mal-à-propos d'étaler quelquefois devant eux des choses étranges et nouvelles, pour leur donner occasion de s'informer eux-mêmes de ces choses; que si par hasard leur curiosité les porte à demander ce qu'ils ne doivent pas savoir, il vaut beaucoup mieux leur dire ouvertement que c'est une chose qui n'est point de leur compétence, que de leur donner

le change par quelque fausseté, ou par
des réponses frivoles.

§ CXXV.

*Une grande vivacité n'est pas un fort
bon signe dans les enfants.*

L'extrême vivacité qui quelquefois
éclate de fort bonne heure dans les enfants, vient d'un principe qui se trouve
rarement joint avec un tempérament
robuste, ou avec un jugement solide.
Si c'était une chose à désirer pour les
parents de voir les enfants plus vifs et
plus éveillés en conversation, je m'imagine qu'on pourrait trouver un moyen
de leur procurer cette qualité : mais je
suppose qu'un père sage et prudent ai-
mera mieux que son fils devenu homme
fait, soit habile, utile à soi-même et à
sa patrie, qu'agréable et divertissant
dans les compagnies durant son enfance; et dans le fond je crois même
qu'un père ne prend pas tant de plaisir
à voir son enfant causer joliment, qu'à
l'entendre bien raisonner. Excitez donc

la curiosité de votre enfant autant que vous pourrez, en satisfaisant à toutes ses demandes, et en lui formant le jugement autant qu'il est capable. Si ses raisons sont passables à certains égards, il l'en faut louer ; et s'il donne tout-à-fait à gauche, ramenez-le doucement dans le bon chemin sans le railler de la méprise qu'il vient de faire. Du reste s'il paraît empressé à raisonner sur tout ce qui se présente à son esprit, prenez garde, autant qu'il est en votre pouvoir, que personne n'étouffe cette inclination, ou ne la corrompe par des entretiens captieux et illusoires ; car, après tout, comme de toutes les facultés de notre ame, celle qui consiste à raisonner est sans contredit la plus sublime et la plus importante, elle mérite aussi qu'on s'attache à la cultiver avec tout le soin possible, puisque le plus haut point d'excellence où l'homme puisse arriver dans ce monde, consiste à perfectionner sa raison et à en faire un bon usage.

SECTION XVII.

DE L'INDIFFÉRENCE QUE CERTAINS ENFANTS ONT POUR S'INSTRUIRE ; MOYEN DE LA CORRIGER.

§ CXXVI.

De la nonchalance de certains enfants.

On remarque quelquefois dans les enfants une disposition d'esprit directement contraire à ce tempérament actif qui porte à s'enquérir de tout ; je veux parler de cette *molle nonchalance qui leur fait regarder les choses d'un œil tout-à-fait indifférent, et leur inspire même une espèce de mépris pour leurs occupations.* Cette disposition est, selon moi, l'une des plus mauvaises qualités que puisse avoir un enfant, et des plus difficiles à corriger lorsqu'elle est naturelle. Mais comme on peut s'y tromper

en certaines rencontres, il faut tâcher
de bien connaître cette indifférence que
les enfants ont pour leurs livres ou pour
leurs occupations, et qu'on peut quelquefois trouver à redire dans un enfant.
Sur le premier soupçon qu'a un père
que son enfant ne soit d'une humeur
paresseuse et indifférente, il doit l'observer avec soin, pour savoir s'il est
froid et indifférent dans tout ce qu'il
fait, ou bien s'il n'est lent et paresseux
qu'à l'égard de certaines occupations,
mais ardent et empressé pour d'autres;
car quoiqu'on s'aperçoive qu'il n'étudie
sa leçon que négligemment, et qu'il
laisse écouler sans rien faire une bonne
partie du temps qu'il passe dans sa
chambre ou dans son cabinet, on n'en
doit pas conclure tout aussitôt que cela
vient de son tempérament négligent et
paresseux : c'est peut-être par un effet
de son jeune âge qu'il en use ainsi, et
parce qu'il préfère à ses études certaine
chose qui occupe toutes ses pensées,
et que d'un autre côté il ne prend pas
plaisir à étudier sa leçon par une raison

fort naturelle, qui est qu'on l'y oblige comme à une chose indispensable. Pour distinguer exactement ce qui en est, observez votre enfant dans ses jeux et dans ses divertissements lorsqu'il est hors du lieu où il est obligé d'étudier, et qu'il a pleine liberté de s'occuper à ce qu'il veut : examinez, dis-je, s'il est vif et agissant dans ce temps-là, s'il se propose quelque dessein, et s'il en poursuit l'exécution avec application et avec ardeur, jusqu'à ce qu'il en soit venu à bout, ou bien s'il laisse passer le temps négligemment sans songer à rien faire. Si cette humeur froide et lente ne paraît en lui que lorsqu'il est après à étudier sa leçon, je crois qu'on peut l'en corriger aisément; mais si c'est un effet de son tempérament, il faudra prendre un peu plus de peine pour le guérir de ce défaut.

§ CXXVII.

Moyen de corriger la nonchalance, si elle n'est pas universelle.

Si par l'empressement que votre enfant fait paraître pour ses divertissements, ou pour quelque autre chose à laquelle il applique son esprit dans les intervalles de temps qui s'écoulent entre les heures de ses occupations, vous êtes convaincu qu'il n'est pas porté de lui-même à la fainéantise, mais qu'il n'y a que le dégoût qu'il a pour ses livres qui le rend négligent et paresseux lorsqu'il est obligé d'étudier sa leçon, il faut commencer par lui représenter doucement combien cette conduite est déraisonnable et à quels inconvénients elle l'expose, puisqu'il perd par-là une bonne partie de son temps qu'il pourrait employer à goûter un véritable plaisir : mais souvenez-vous bien de lui dire cela avec beaucoup de douceur et de modération, sans y insister beaucoup la première fois, vous contentant de lui

proposer ces raisons communes en peu
de mots. Si cela fait effet sur son esprit,
vous serez venu à bout de cette affaire
par les moyens qu'on doit le plus souhaiter d'employer en ces sortes d'occasions, je veux dire la raison et la
douceur. Mais si cette première tentative
ne vous réussit point, tâchez de lui faire
honte de sa manière d'agir en le rail-
lant de sa lenteur. Pour cet effet de-
mandez-lui chaque jour lorsqu'il vient
à table, pourvu qu'il n'y ait aucun
étranger, combien de temps il a employé à ses occupations; et s'il n'a pas
fait sa tâche dans le temps qu'on a droit
de supposer qu'il aurait dû l'achever,
faites-lui-en la guerre; tournez en ridicule cette négligence, mais sans ajouter
aucune censure. Contentez-vous seulement de le regarder dès-lors avec froideur. Continuez d'en user ainsi avec lui
jusqu'à ce qu'il change de conduite; et
ayez soin que durant tout ce temps-là,
sa mère, son gouverneur, et tous ceux
qui sont auprès de lui, fassent la même
chose; que si cela ne produit point l'ef-

fet que vous désirez, dites-lui qu'il ne sera pas inquiété davantage par un gouverneur qui prenne soin de son éducation, que vous ne voulez plus dépenser de l'argent pour tenir une personne auprès de lui sans rien faire; mais que, puisqu'il aime mieux s'amuser à tel ou tel jeu (quel qu'il soit) que d'étudier sa leçon, il ne doit pas employer son temps à autre chose. Après cela, obligez-le sérieusement à s'appliquer au jeu qui lui plaît le plus, et cela constamment le matin et l'après-midi jusqu'à ce qu'il en soit dégoûté, et qu'il veuille, à quelque prix que ce soit, donner certaines heures du jour à l'étude au lieu de les employer à ses divertissements. Mais en lui imposant la nécessité de s'amuser ainsi à certains jeux, il faut nécessairement le voir faire vous-même, ou en charger quelque autre personne qui puisse réglément lui voir fournir cette tâche, de sorte qu'il n'ait pas la liberté de s'en dispenser. Je vous dis d'observer vous-même votre enfant, parce que c'est une chose bien digne des soins d'un

père (telle affaire qu'il ait d'ailleurs)
d'employer deux ou trois jours pour
guérir son enfant d'un aussi grand défaut qu'est une molle indifférence pour
ses occupations.

§ CXXVIII.

C'est ainsi qu'il faut s'y prendre, à
mon avis : si la négligence d'un enfant
n'est pas un effet de la constitution générale de son tempérament, mais simplement d'une aversion particulière ou
acquise qu'il a pour l'étude, c'est ce que
vous devez prendre soin d'examiner et
de distinguer exactement. Mais quoique
vous ayez les yeux sur lui pour observer
à quoi il emploie son temps que vous
laissez à sa disposition, il ne faut pourtant pas qu'il s'aperçoive que vous ou
quelque autre personne pensiez à rien
de tel. Cela seul peut l'empêcher de
suivre son inclination : car étant tout
occupé de ses desseins, mais n'osant les
mettre à exécution de peur que vous
n'en soyez instruit, il peut négliger de
faire d'autres choses pour lesquelles il

n'a pour lors aucun goût, et ainsi paraître paresseux, froid et indifférent,
quoique dans le fond toute sa nonchalance ne vienne que de ce qu'il a l'esprit appliqué à quelque chose qu'il n'ose
faire, de crainte que vous ne le voyez
ou que vous n'en soyez informé. Pour
bien éclaircir ce point, l'épreuve doit
être faite lorsque vous êtes absent, et
que votre enfant n'a pas le moindre
soupçon que qui que ce soit ait les yeux
sur lui. Dans ce temps de liberté, il faut
que quelqu'un, à qui vous puissiez vous
fier, observe comment il emploie son
loisir, et si, lorsqu'il est ainsi abandonné
à lui-même pour suivre librement ses
inclinations, il laisse passer le temps
dans l'inaction et dans la molle nonchalance. Par l'usage qu'il fera de ce temps
de liberté, vous distinguerez sans peine
si c'est son humeur lente et paresseuse,
ou bien l'aversion qu'il a pour les livres,
qui lui fait perdre le temps qu'il devrait
employer à l'étude.

§ CXXIX.

Moyen de corriger un enfant d'une paresse générale qui tire son origine du tempérament.

Si c'est quelque défaut dans sa constitution qui lui ait appesanti l'esprit, de sorte que cette mollesse lui soit naturelle, il n'est pas facile de manier un tel tempérament qui ne promet rien du tout : car comme cette disposition produit dans l'esprit des enfants une grande indifférence pour ce qui est à venir, on ne saurait les mettre en mouvement par les deux grands ressorts des actions humaines *le désir* et *la prévoyance*. Cela étant, il s'agit de trouver le moyen de planter et de faire croître ces deux choses dans un fonds qui leur est naturellement contraire. Dès que vous êtes convaincu que votre enfant est dans ce cas, vous devez vous informer soigneusement s'il prend plaisir à quelque chose, et ce que c'est qu'il aime le plus; et, si vous pouvez découvrir

qu'il ait quelque inclination particulière,
augmentez-la le plus que vous pourrez,
et servez-vous-en comme d'un moyen
pour le mettre en action, et lui faire
naître l'envie de s'appliquer à quelque
chose. S'il aime la louange, le jeu, les
beaux habits, etc., ou que d'autre part
il redoute la douleur, qu'il craigne de
vous déplaire, et de perdre vos bonnes
graces, etc., quoique ce soit qu'il affec-
tionne le plus, hormis la paresse, qui
ne peut jamais le mettre en action, servez-vous-en comme d'un moyen pour
lui réveiller l'esprit, et pour l'engager
à se donner du mouvement; car ayant
affaire à un enfant d'une humeur si
nonchalante, vous ne devez pas appréhender d'allumer par-là dans son cœur
un trop violent désir, comme il arrive-
rait en toute autre rencontre : c'est là
au contraire ce qui vous manque pour
pouvoir le réveiller de son assoupisse-
ment, et c'est par conséquent ce que vous
devez tâcher d'exciter et d'augmenter
en lui; car qui n'a point de désir, ne

saurait avoir de l'application à quoi que ce soit.

§. CXXX.

Il faut occuper les enfants à quelque travail corporel.

Si cela ne suffit pas pour rendre votre enfant diligent et actif, engagez-le à quelque travail corporel, par où il puisse s'habituer à faire quelque chose. A la vérité, le meilleur moyen de l'accoutumer à exercer et appliquer son esprit, serait de l'occuper fortement à quelque étude particulière ; mais parce l'attention qu'il pourrait y donner est une chose invisible que personne ne saurait dire quand il y attache véritablement son esprit, ou qu'il néglige d'y penser, vous devez imaginer quelque travail corporel, auquel il faut le tenir régulièrement et constamment occupé. Si ce travail est un peu trop rude et honteux, la chose n'en ira pas plus mal : car comme ce travail le dégoûtera plutôt, il lui fera naître le désir de reprendre ses livres. Mais lorsque vous en

venez là, ne manquez pas de lui imposer une tâche à remplir nécessairement
dans un certain espace de temps, de
telle sorte qu'il n'ait pas la liberté d'être
oisif. Du reste, après l'avoir engagé par
cet artifice à s'appliquer à l'étude, vous
pouvez, lorsqu'il aura appris sa leçon
dans le temps prescrit, le décharger par
forme de récompense d'une partie de
l'autre travail que vous lui aviez imposé,
et continuer d'en diminuer le poids à
mesure que vous voyez qu'il s'applique
à l'étude avec plus d'ardeur, et enfin
l'en dispenser absolument, lorsque cette
molle indifférence qu'il avait pour ses
livres aura entièrement disparu.

SECTION XVIII.

IL NE FAUT PAS CONTRAINDRE LES ENFANTS A S'OCCUPER AUX CHOSES QU'ON VEUT LEUR FAIRE APPRENDRE.

§. CXXXI.

Nous avons déja remarqué que la diversité des occupations et la liberté, est ce qui plaît le plus aux enfants, et que c'est là ce qui leur fait trouver du plaisir à leurs jeux ordinaires. Ainsi l'on ne devrait point leur faire une occupation de leur leçon ou de quelque autre chose que ce soit qu'on veuille leur faire apprendre. Mais c'est ce que leurs parents, leurs gouverneurs et leurs maîtres oublient aisément. L'impatience qu'ils ont de les voir appliqués à ce qu'ils doivent faire, ne leur permet pas de les tromper par cet innocent artifice, et les enfants de leur côté distinguent d'abord par les ordres réitérés qu'on leur donne, ce qu'on exige et ce qu'on n'exige pas d'eux. Lors donc qu'il arrive que faute d'avoir mis cet artifice en usage, un enfant vient à contracter de l'aversion pour ses livres, il faut prendre un autre tour pour remédier à cet inconvénient. Puisqu'il n'est plus temps alors de lui faire regarder l'étude comme un jeu, vous devez l'y engager par une méthode toute contraire. Observez pour cet effet quel est le jeu qui lui plaît le plus; ordonnez-lui de s'y appliquer, et faites-le jouer tant d'heures par jour, non pas comme pour le punir par-là de l'inclination qu'il a pour ce jeu, mais comme si vous vouliez lui imposer cette tâche sous l'idée d'un devoir dont vous prétendez qu'il s'acquitte exactement : cela fera, si je ne me trompe, que dans peu de jours il contractera un si grand dégoût pour le jeu qu'il aimait le plus, qu'il ne s'y plaira plus tant qu'à l'étude ou à quelque autre chose; sur-tout si en s'appliquant à l'étude, il peut se dispenser

d'une partie de cette tâche, et qu'on
lui permette d'employer à la lecture de
ses livres ou à quelque autre semblable
occupation, véritablement utile, une
partie du temps qu'il est obligé de donner au jeu. Du moins cet expédient est,
ce me semble, beaucoup plus propre à
porter les enfants à ce qu'on veut, que
tous les châtiments qu'on pourrait leur
infliger, ou que toutes les défenses qu'on
pourrait leur faire; ce qui pour l'ordinaire ne sert qu'à exciter en eux de plus
violents désirs pour la chose défendue :
car lorsqu'une fois vous avez assouvi
leurs désirs (ce qu'on peut faire sans
danger à l'égard de toutes choses,
excepté le boire et le manger) jusqu'à
les dégoûter par-là de ce que vous de-
vriez leur faire éviter, vous leur en avez
inspiré assez d'aversion pour ne devoir
plus tant appréhender que dans la suite
ils le recherchent avec le même empressement.

§. C X X X I I.

C'est, je crois, une chose assez con-
nue qu'en général les enfants n'aiment

pas à demeurer sans rien faire. Cela étant, tout votre soin doit être de les occuper toujours à des choses qui puissent leur être de quelque utilité; et pour cet effet vous ne devez pas leur faire une occupation, mais un sujet de divertissement de toutes les choses auxquelles vous souhaitez qu'ils s'appliquent. Le moyen d'en venir là, sans qu'ils puissent s'appercevoir que vous vous en mêliez en aucune manière, c'est de leur inspirer du dégoût pour ce que vous ne voudriez pas qu'ils fissent, en les chargeant expressément de le faire sous tel ou tel prétexte. Si, par exemple, votre enfant se plaît à fouetter son sabot, et qu'il y emploie trop de temps, ordonnez-lui de le fouetter tant d'heures par jour, ayez soin qu'il n'y manque pas; et vous verrez qu'ennuyé en peu de temps de cet exercice, il aura envie de l'abandonner. Comme vous lui ferez, par ce moyen, une occupation onéreuse des jeux qui vous déplaisent, il s'attachera de lui-même avec plaisir aux choses que vous souhaiteriez qu'il fit, sur-tout si elles lui sont proposées comme une récompense de ce qu'il a rempli sa tâche au jeu qui lui a été prescrit. Car si on lui ordonne de fouetter chaque jour son sabot aussi long-temps qu'il faut pour qu'il soit fatigué d'une telle occupation, ne croyez-vous pas qu'il souhaitera sincèrement ses livres, et qu'il s'appliquera avec ardeur à les lire, si vous lui promettez cet amusement pour récompense d'avoir fouetté vigoureusement son sabot durant tout le temps que vous lui avez prescrit? Les enfants ne demandent qu'à être en action, et ne mettent pas grande différence entre les diverses choses qu'ils font, pourvu qu'elles conviennent à leur âge. Ce n'est que sur l'opinion d'autrui qu'ils estiment l'une plus que l'autre; de sorte que ce que les personnes qui sont auprès d'eux leur proposent sous l'idée de récompense leur paraîtra tel effectivement. Par cette adresse, il dépend de leurs gouverneurs de les faire *sauter à cloche-pied* pour les récompenser de la peine qu'ils prennent de *danser*

régulièrement; ou, au contraire, de les
faire danser régulièrement pour les récompenser de ce qu'ils sautent à *cloche-
pied*, de leur faire trouver plus de plaisir
à fouetter un sabot, ou à lire un livre,
à jouer à la fossette ou à étudier le
globe : car les enfants ne souhaitent
que d'être occupés, pourvu que ce soit
à des choses auxquelles ils s'imaginent
être portés de leur propre mouvement;
et qu'ils regardent la liberté qu'ils ont
de s'y appliquer comme une faveur qui
leur est accordée par leurs parents ou par
d'autres personnes qu'ils respectent, et
dont ils voudraient gagner les bonnes
graces. Cela posé, des enfants qu'on
élèverait ensemble selon cette méthode,
et qu'on empêcherait de se corrompre
par le mauvais exemple des autres, ap-
prendraient, je pense, avec autant d'ardeur et de plaisir à lire, à écrire, et
toutes les autres choses qu'on voudrait
leur enseigner, que les autres enfants
apprennent leurs jeux ordinaires : et
l'aîné étant une fois conduit de cette
manière, la chose ayant comme passé

en coutume dans la famille ; il serait aussi difficile de les empêcher d'apprendre ces choses, qu'il l'est communément de détourner les enfants de leurs jeux.

§ CXXXIII.

Il faut permettre aux enfants d'avoir les choses qui servent à leurs jeux.

Les enfants devraient, à mon avis, avoir des jouets, et de différentes espèces : mais il faudrait que leurs gouverneurs ou quelqu'autre personne les eussent en garde, et que l'enfant n'eût qu'une sorte de jouet à la fois, de sorte qu'on ne lui en donnât un second qu'après qu'il aurait rendu le premier. Par ce moyen les enfants apprennent de bonne heure à prendre garde de ne pas perdre ou gâter les choses qu'ils ont en leur pouvoir : au lieu que s'ils ont plusieurs sortes de jouets à leur disposition, ils ne songent qu'à folâtrer sans en prendre aucun soin, par où ils se font, dès leur enfance, une habitude d'être prodigues et dissipateurs. Ce sont là, je l'avoue, des choses peu considérables en elles-mêmes, et qui paraîtront indignes des soins d'un gouverneur : mais rien de ce qui peut contribuer à former l'esprit des enfants ne doit être négligé ; et tout ce qui tend à établir en eux des habitudes, bonnes ou mauvaises, est digne du soin et de l'application de leurs gouverneurs, et ne saurait être méprisable dans ses conséquences.

Sur les jouets des enfants, il me reste à remarquer une chose qui n'est pas, à mon avis, indigne du soin de leurs parents. Quoique je tombe d'accord que les enfants doivent avoir différentes espèces de jouets, je ne crois pourtant pas qu'il faille leur en acheter aucun. Cela fera qu'ils ne seront pas surchargés, comme il arrive souvent, de cette grande variété de babioles, qui ne sert qu'à leur inspirer un fol amour pour le changement et pour la superfluité, et à leur remplir l'esprit d'inquiétude et de vains désirs d'avoir toujours quelque chose de plus sans savoir quoi, et sans être jamais contents de ce qu'ils ont. Les jouets que

bien des gens ont soin de présenter aux
enfants de qualité pour faire leur cour
à leurs parents, nuisent beaucoup à ces
tendres créatures. On les rend par là
fiers, vains et avares presque avant qu'ils
sachent parler. J'ai connu un jeune enfant si absorbé par le nombre et la
variété de ses jouets, que chaque jour
il fatiguait sa gouvernante du soin d'en
faire la revue. Il était si accoutumé à
cette abondance, que ne croyant jamais
avoir assez de jouets, il était toujours
après à en demander de nouveaux. *Quoi!
plus? quoi! plus?* disait-il à tout moment; *que me donnera-t-on de nouveau?* N'était-ce pas là un bon moyen
de modérer ses désirs, et de lui apprendre à savoir vivre content de sa condition?

Mais, direz-vous, comment les enfants
auront-ils donc des jouets, si l'on ne
leur en achète aucun? Il faut qu'ils s'en
fassent eux-mêmes, ou du moins qu'ils
mettent la main à l'œuvre pour cela. Jusqu'alors ils n'en devraient point avoir;
et avant ce temps là, ils n'auront pas

grand besoin de jouets travaillés avec beaucoup d'art. De petits cailloux, un morceau de papier, le trousseau des clés de leur mère, et telle autre chose avec laquelle ils ne sauraient se faire du mal ; tout cela sert autant à divertir les petits enfants que toutes les curieuses bagatelles qu'on leur achète bien cher dans des boutiques, et qu'ils gâtent et brisent tout aussitôt. Les enfants ne sont jamais tristes ou chagrins faute d'avoir ces sortes de jouets, à moins qu'on ne leur en ait déjà donné. Lorsqu'ils sont petits, ils se divertissent de tout ce qui leur tombe sous les mains : et à mesure qu'ils deviennent grands, ils se feront bientôt des jouets eux-mêmes, si l'on ne s'est mis imprudemment en dépense pour leur en fournir. A la vérité, lorsqu'ils commencent à travailler à quelque jouet de leur invention, il faudrait les diriger et les aider dans leur travail. Mais on ne devrait point songer à leur en fournir, tant qu'ils attendent, les bras croisés, que, sans qu'ils se donnent aucune peine, d'autres travailleront à leur en faire.

D'ailleurs si, lorsqu'ils s'amusent eux-
mêmes à faire des jouets, ils sont arrêtés
par quelque difficulté, et que vous les
aidiez à s'en tirer, ils vous en aimeront
davantage que si vous leur achetiez des
jouets du plus haut prix. Il faut pourtant
leur en donner quelques-uns que leur
adresse ne saurait leur procurer, comme
des sabots, des volants, des battoirs, et
telles autres choses qui servent à leur
exercer le corps; il est, dis-je, nécessaire qu'ils aient ces sortes de jouets,
non pour varier leurs amusements, mais
pour faire exercice : encore devrait-on
avoir soin de les leur donner aussi simples qu'il est possible. Ainsi, après leur
avoir fait présent d'un sabot, il faudrait
leur laisser le droit de se pourvoir eux-
mêmes d'un bâton et d'une courroie pour
le fouetter : et, s'ils attendent noncha-
lamment que ces choses leur tombent
des nués, il ne faut pas faire semblant
de le voir; ils s'accoutumeront par là à
chercher eux-mêmes ce qui leur manque,
à modérer leurs désirs, à penser, à s'appliquer, à être inventifs et bons ména-

gers : qualités qui leur seront d'un grand usage pendant la meilleure partie de leur vie, et qui par conséquent ne peuvent leur être enseignées trop tôt, ni prendre de trop fortes racines dans leur ame. Tous les jeux, tous les divertissements des enfants devraient tendre à former en eux de bonnes et d'utiles habitudes : autrement, ils leur en communiqueront de mauvaises. Car tout ce que font les enfants laisse sur cet âge tendre des impressions qui les portent au bien ou au mal ; et rien de ce qui peut avoir une telle influence ne devrait être négligé.

SECTION XIX.

DU MENSONGE : COMBIEN ON DOIT AVOIR SOIN D'EN CORRIGER LES ENFANTS.

§ CXXXIV.

Quels soins il faut prendre pour empêcher les enfants de mentir.

Il me reste à parler d'un défaut dont on conviendra sans peine qu'il faut tâcher de corriger les enfants : c'est le mensonge. Comme rien n'est si propre à couvrir promptement et sans embarras une faute qu'on vient de commettre, que de mentir ; et que cet expédient est si fort à la mode parmi toutes sortes de personnes, il est très-difficile qu'un enfant évite le mensonge, voyant l'usage qu'on en fait en toutes rencontres. Aussi, à peine peut-on, sans un grand soin, l'empêcher d'y tomber. Mais, d'autre part, le mensonge est si odieux, il est la source de tant de maux qu'il cache sous son ombre après leur avoir donné naissance, qu'on devrait faire concevoir aux enfants une extrême horreur pour ce vice. Il en faudrait toujours parler devant eux, lorsque l'occasion s'en présenterait, comme de la chose la plus exécrable du monde, comme d'une qualité si indigne d'un homme de bonne maison, qu'il n'y a personne en quelque estime dans le monde, qui puisse souffrir qu'on l'accuse de mentir; en un mot, comme d'un vice qui déshonore entièrement un homme, qui le dégrade et le met au rang de ce qu'il y a de plus bas et de plus méprisable parmi la plus vile populace, et qui par conséquent ne peut être souffert dans une personne qui veut fréquenter d'honnêtes gens, ou qui a quelque réputation à ménager. Après cela, la première fois que vous surprenez votre enfant en quelque mensonge, il vaut mieux en paraître étonné comme d'une chose tout-à-fait étrange et monstrueuse, que

de l'en censurer comme d'une faute ordinaire. Si cela ne suffit pas pour l'empêcher d'y retomber, il faut qu'il essuie
une réprimande, et que, par une suite
nécessaire, il soit regardé avec indifférence et avec mépris par son père, par
sa mère, par tous ceux qui, étant dans
la maison, ont pris connaissance de ce
qu'il vient de faire. Et, si cela ne suffit
pas pour le corriger de cette mauvaise
inclination, il en faut venir aux coups:
car après qu'un enfant a été ainsi averti
par degrés de ne point mentir, une
menterie préméditée doit toujours être
considérée comme une vraie obstination (¹), qu'il ne faut plus laisser im-
punie.

---

(1) Montaigne, aussi-bien que M. Locke, ne
compte parmi les défauts qu'on doit châtier dans
les enfants que le mensonge et l'opiniâtreté. « Je
« trouve, dit-il, qu'on s'amuse ordinairement à
« châtier aux enfans des erreurs innocentes, très-
« mal à-propos, et qu'on les tourmente pour des
« actions téméraires qui n'ont ni impression, ni
« suite. La menterie seule, et un peu au-dessous
« l'opiniâtreté, me semblent être celles desquelles

§. CXXXV.

*Comment on doit recevoir les excuses
des enfants.*

Les enfants appréhendant qu'on ne
voie leurs défauts à découvert, seront
portés comme le reste des enfants d'A-
dam, *à les couvrir de quelque excuse.*
C'est un vice qui, pour l'ordinaire, approche du mensonge, et y conduit insensiblement, et auquel par conséquent
il ne faut pas permettre qu'ils s'abandonnent. Cependant il serait plus à
propos de les en corriger en leur faisant honte, qu'en les traitant rudement.
Lors donc qu'on examine un enfant sur
quelque chose, s'il commence par une
excuse, il faut l'exhorter doucement à
dire la vérité, après quoi, s'il persiste à
se tirer d'affaire par une fausseté, il le
faut châtier. Mais, s'il confesse la chose

« on devrait à toute instance combattre la naissance
« et le progrès; elles croissent quant et quant eux. »
Essais, liv. I, chap. IX.

sans détour, ne manquez pas de le louer de son ingénuité, et de lui pardonner sa faute quelle qu'elle soit; et souvenez-vous sur-tout de la lui pardonner absolument, sans la lui reprocher ni lui en parler jamais : car si vous voulez lui faire aimer la sincérité, et le porter à s'en faire une habitude par une pratique constante, vous devez non-seulement prendre soin qu'elle ne lui cause jamais la moindre incommodité, mais encore joindre à l'entière impunité qui doit toujours accompagner cette confession libre de ses fautes, quelques marques d'approbation, pour l'engager à continuer d'en user de la même manière. Que s'il se rencontre que son excuse soit de telle nature que vous n'y puissiez rien reconnaître de faux, prenez-la pour véritable, sans témoigner en aucune manière qu'elle vous soit suspecte; car il est de la dernière importance qu'il maintienne sa réputation auprès de vous dans un degré aussi parfait qu'il est possible, parce que, s'il vient une fois à s'appercevoir que vous n'avez plus bonne opinion de lui, vous perdez aussitôt un des meilleurs moyens de le conduire à votre fantaisie. Ne lui donnez donc pas sujet de croire qu'il passe pour un menteur dans votre esprit, tant que vous pourrez l'éviter sans le flatter. Et s'il lui échappe quelques petits mensonges, laissez-les passer sans faire semblant d'y prendre garde. Mais du reste, si vous les reprenez une fois d'avoir dit une menterie, résolvez-vous à ne lui en plus pardonner aucune, dès que vous le trouverez en faute, et que vous le lui donnerez à connaître; car comme le mensonge lui a été défendu, et que c'est un vice qu'il peut fort bien éviter, s'il ne s'y porte volontairement, y retomber c'est une vraie opiniâtreté, et qui mérite par conséquent une peine proportionnée à la grandeur de la faute.

§ CXXXVI.

Voilà ce que j'avais à dire sur la méthode qu'on devrait observer en général pour bien élever un jeune homme de bonne maison. Quoique je croie pou-

voir annoncer qu'on en peut faire usage
dans tout le cours de l'éducation des
enfants, je n'ai garde de m'imaginer
que ce soit là tout ce qui peut être nécessaire par rapport aux différents degrés de leur âge, et à leur tempérament
particulier.

SECTION XX.

DES DEVOIRS PARTICULIERS DES ENFANTS: PREMIÈREMENT, DE LA VERTU.

Mais, après avoir posé ces maximes générales, je m'en vais parcourir d'une manière un peu plus particulière les principaux points de *l'éducation des enfants.*

§ CXXXVII.

Les principaux articles de l'instruction des enfants.

Je crois que tout ce qu'un honnête homme qui prend quelque soin de l'éducation de son enfant, peut lui souhaiter, outre les biens qu'il lui laisse, se réduit à ces quatre choses, la *vertu*, la *prudence*, la *politesse* et le *savoir.* Je ne m'attacherai point ici à examiner scru-

puleusement si quelques-uns de ces
mots ne signifient pas quelquefois une
seule et même chose, ou si l'un emporte
l'autre nécessairement. Il me suffit ici
de prendre ces mots dans leur sens vulgaire, qui, je pense, est assez clair pour
me rendre intelligible, et j'espère qu'on
n'aura pas de peine à comprendre ma
pensée.

§ CXXXVIII.

La vertu est le plus important.

Je mets la *vertu* au premier rang,
comme la plus excellente de ces choses,
la plus avantageuse à l'homme, et en
particulier à une personne de bonne
maison, comme une qualité qui est absolument nécessaire pour lui acquérir
l'estime et l'affection des autres hommes,
et pour le rendre agréable ou supportable à lui-même, et sans laquelle il ne
saurait être heureux, à ce que je crois,
ni dans ce monde, ni dans l'autre.

§ CXXXIX.

Pour premier fondement de la vertu

qu'on doit exciter dans le cœur d'un enfant, il faut lui donner de bonne heure
une véritable idée de Dieu, comme d'un
être suprême et indépendant, qui a fait
toutes choses, duquel nous tenons toute
notre félicité, qui nous aime et nous
donne tout ce que nous possédons; en
conséquence de quoi il faut lui inspirer
de l'amour et du respect pour un être
si parfait et si bon. D'abord il faut s'en
tenir là, sans lui expliquer davantage
cette matière, de peur qu'en parlant trop
tôt des esprits à votre enfant, et qu'en
se hâtant à contre-temps de lui faire connaître la nature incompréhensible de
cet être infini, il s'en forme des idées
fausses ou inintelligibles. Lors donc que
vous lui parlerez de Dieu, dites-lui seulement *que Dieu a fait et qu'il gouverne
toutes choses, qu'il entend tout, qu'il
voit tout, et qu'il comble de toutes sortes
de biens ceux qui l'aiment et qui obéis-
sent à sa volonté.* Votre enfant ayant
appris à se former une telle idée de Dieu,
vous verrez que de lui-même il aura assez tôt de nouvelles pensées de ce sou-

verain être; et si vous vous apercevez
que ces nouvelles pensées ne soient pas
tout-à-fait justes, il faut les redresser
aussitôt. Pour moi, je crois qu'il vaudrait
beaucoup mieux qu'en général les hommes s'arrétassent à l'idée de *Dieu* que
nous venons de proposer, sans s'enquérir trop curieusement des propriétés
d'un être que tout le monde doit regarder comme incompréhensible; car il y a
quantité de gens qui, n'ayant ni assez de
force, ni assez de netteté d'esprit pour
distinguer ce qu'ils peuvent connaître
d'avec ce qui passe leur intelligence, se
jettent, par cette curiosité mal entendue, dans la superstition ou dans l'a-
théisme, faisant Dieu semblable à eux-
mêmes, ou n'en reconnaissant point du
tout, parce qu'ils ne peuvent se le représenter sous aucune autre idée : et je
suis fort porté à croire que si les enfants
sont constamment entretenus soir et matin dans des actes de dévotion par des
prières qu'ils feront à Dieu comme à
l'auteur de leur être, à leur conserva-
teur, à leur bienfaiteur, suivant quelque

formulaire clair et court, proportionné à leur âge et à leur capacité, cela contribuera beaucoup plus à leur donner de vraies notions de religion et de vertu, que si on leur embarrassait l'esprit de recherches curieuses sur la nature impénétrable du souverain être.

§ CXL.

Il faut être réservé à parler des esprits aux enfants.

Après que peu-à-peu et par degrés, selon que vous l'en trouverez capable, vous lui aurez fixé dans l'esprit une telle idée de Dieu, et que vous lui aurez appris à le *prier* et le *bénir* comme l'auteur de son être et de tout le bien qu'il fait, ou dont il peut jouir, évitez de lui parler d'autres *esprits,* jusqu'à ce qu'il soit engagé à s'en enquérir par ce qu'il en entendra dire à une certaine occasion qui doit être marquée ci-après, et par ce qu'il en trouvera dans l'histoire de l'Écriture sainte.

§ CXLI.

Combien il est dangereux de faire peur aux enfants, des esprits, des spectres, etc.

Mais même alors, et durant tout le temps de sa jeunesse, ayez soin d'empêcher que son ame, si susceptible en ce temps-là de toutes sortes d'impressions, ne soit frappée par des idées d'esprits, de fantômes, ou de quelque autre chose de terrible, paraissant dans l'obscurité ; c'est à quoi il risquera d'être exposé par l'imprudence des domestiques qui, pour tenir les enfants en crainte et en sujétion, ont accoutumé de leur parler du lutin, du *moine bourru* et de tels autres noms qui emportent l'idée de certains êtres terribles et malfaisants, et de leur persuader qu'ils ont grande raison de les redouter lorsqu'ils sont seuls, et particulièrement dans les ténèbres. Il ne faut rien épargner pour prévenir cet inconvénient ; car quoique, par ce ridicule expédient, les domestiques puissent dé-

tourner les enfants de certaines petites
fautes, le remède est dans le fond beaucoup pire que le mal, l'esprit des enfants
recevant par là des idées qui ne cessent
de les effrayer toutes les fois qu'elles se
présentent à eux; et ces pensées *fantas-
tiques* étant une fois admises dans ces
ames tendres, et y étant fortement em-
preintes par la terreur qui les accompagne, elles s'y enracinent si profondément, qu'il est très-difficile, pour ne pas
dire impossible, de les effacer. D'ailleurs
elles sont très-souvent suivies de visions
étranges qui font que les enfants ne sauraient être seuls sans trembler, et qu'ils
ont peur de leur ombre et des ténèbres
pendant tout le reste de leur vie. J'ai
connu des hommes faits qui, ayant été
frappés de ces idées effrayantes dans leur
première jeunesse, m'ont avoué que,
quoique leur raison corrigeât ce qu'il y
avait de faux dans ces sortes d'idées, et
qu'ils fussent assurés qu'on n'avait aucun sujet d'appréhender des êtres invisibles dans les ténèbres plutôt que dans
la lumière, néanmoins, à chaque occa-

sion qui s'en présentait, ces mêmes idées
étaient toujours prêtes à s'emparer d'a-
bord de leur imagination prévenue, de
sorte qu'ils ne les pouvaient éloigner
qu'avec peine. Il me souvient à ce propos d'une histoire fort remarquable et
très-assurée, qui vous fera voir combien
ces idées effrayantes, qui s'impriment de
bonne heure dans l'esprit, y restent long-
temps enracinées. Dans une ville qui est
dans les parties occidentales de l'Angleterre, il y avait un homme hors du sens,
que les enfants avaient accoutumé de
tourmenter toutes les fois qu'ils le ren-
contraient. Un jour, ce fou voyant dans
la rue un de ces enfants, entra dans la
boutique d'un armurier qui était près
de là, et, se saisissant d'une épée nue,
courut après lui. L'enfant, le voyant venir dans cette posture, se mit à fuir pour
sauver sa vie ; et heureusement il courut avec assez de vigueur pour attraper
la maison de son père avant que le fou
pût l'atteindre. La porte n'étant fermée
qu'au loquet, il l'empoigne aussitôt, et
alors il commença à tourner la tête pour

voir si celui qui le poursuivait était fort
près de lui. Le fou était précisément à
l'entrée du porche, tout prêt à le frap-
per de son épée, et l'enfant eut justement le temps d'entrer dans la maison,
et de fermer la porte pour éviter le coup.
Quoique son corps n'eût reçu aucun
mal, son esprit fut vivement frappé de
cette aventure. La peur qu'il eut, y fit
une si profonde impression, que l'idée
lui en resta plusieurs années, et peut-
être toute sa vie; car, racontant lui-même
la chose lorsqu'il était homme fait, il disait que, depuis cet accident, il ne se
souvenait pas d'être encore jamais venu
devant cette porte en quelque temps
que ce fût, sans regarder derrière lui,
quelque affaire qu'il eût dans l'esprit,
ou du moins sans penser un peu à ce
fou, avant que d'entrer dans la maison.

Si on laissait les enfants seuls, ils ne
seraient pas plus effrayés des ténèbres
de la nuit, que de la plus brillante clarté
du soleil. Ces deux temps leur plairaient
également chacun à son tour, le premier pour dormir, et l'autre pour jouer.

Dans leurs discours ils ne distingueraient point l'un de l'autre, comme si l'un était accompagné de plus de danger et de choses plus effrayantes que l'autre. Mais si par malheur il se trouve auprès d'eux des gens assez fous pour leur faire accroire qu'il y a quelque différence entre être dans les ténèbres, et fermer simplement les yeux, vous devez leur ôter cette imagination de l'esprit le plutôt que vous pourrez, et leur apprendre que *Dieu qui a fait toutes choses pour leur bien, a fait la nuit afin qu'ils puissent dormir plus tranquillement, et qu'il n'y a rien dans les ténèbres qui puisse leur nuire, puisqu'ils sont toujours sous sa protection.*

Du reste il faut différer à donner aux enfants une plus ample connaissance de Dieu et des bons esprits, jusqu'au temps que nous marquerons dans la suite ; et pour ce qui est des malins esprits, vous ferez bien d'empêcher, si vous pouvez, que votre enfant ne s'en forme point de fortes idées, jusqu'à ce qu'il soit assez avancé en âge pour entrer dans cette sorte de connaissance.

§ CXLII.

Après avoir inspiré à votre enfant des principes de vertu, en lui donnant une véritable idée de Dieu , telle qu'elle nous est sagement proposée dans le *Symbole des Apôtres*, autant que son âge le peut permettre, et en l'accoutumant à prier cet Être suprême; ce qu'il faut faire ensuite, c'est de l'obliger exactement *à dire la vérité*, et de le porter par toute sorte de moyens *à être doux et bienfaisant*. Faites-lui entendre qu'on lui pardonnera plutôt vingt fautes, qu'une seule dont il voudra s'excuser en déguisant la vérité; et si vous lui apprenez bientôt à être doux et bienfaisant, vous lui inspirerez de bonne heure les sentiments qu'il doit avoir pour être un jour véritablement honnête homme : car, généralement parlant, *toutes les injustices viennent de ce que nous nous aimons trop nous-mêmes, et que nous n'aimons pas assez les autres.*

C'est là tout ce que je dirai en général sur cette matière, et qui suffit pour jeter dans le cœur d'un enfant les premières semences de la vertu. A mesure qu'il avance en âge, il faut remarquer de quel côté le porte son inclination naturelle; et selon qu'elle l'éloigne du vrai sentier de la vertu en le faisant pencher plus qu'il ne faut d'un côté ou d'autre, l'on doit employer les remèdes les plus capables de le ramener dans le bon chemin : car, parmi les enfants d'*Adam*, il y en a peu d'assez heureux pour n'être pas nés avec quelque faible; et c'est à déraciner ce faible, ou à le contrebalancer, qu'il faut s'attacher dans l'éducation des enfants. Mais je ne saurais entrer dans un plus grand détail sur ce sujet, sans passer les bornes que je me suis prescrites dans ce petit ouvrage. Mon dessein n'est pas de faire un discours sur toutes les vertus et sur tous les vices, ni de montrer comment on peut acquérir chaque vertu, et se guérir de chaque vice en particulier, quoique j'aie remarqué quelques-unes des fautes les plus ordinaires aux enfants, et les moyens qu'il faut employer pour les en corriger.

SECTION XXI.

DE LA PRUDENCE.

§ CXLIII.

Il faut inspirer la prudence aux enfants autant que leur âge en est capable.

La *prudence*, que je prends dans un sens vulgaire pour l'art de conduire ses affaires dans ce monde avec habileté et avec prévoyance; la prudence, dis-je, prise en ce sens, est tout ensemble l'effet d'une forte application d'esprit et de l'expérience, et par conséquent au-dessus de la portée des enfants. La principale chose qu'on puisse faire pour eux à cet égard, c'est de les empêcher, autant qu'on peut, de recourir à la *finesse*, qui, tâchant de contrefaire la prudence, en est pourtant fort différente; sembla-

ble à un singe, qui, malgré la ressemblance qu'il a avec l'homme, destitué de
ce qui pourrait le faire réellement homme,
n'en est que plus difforme. La finesse
n'est qu'un manque d'intelligence, qui,
ne pouvant aller à ses fins par des voies
directes, tâche d'y parvenir par l'artifice et par la tromperie ; et le mal est
qu'elle ne sert qu'une fois, et qu'elle est
toujours préjudiciable dans la suite. Il
n'y a point de faux prétexte qu'on puisse
proposer avec assez de précaution et
d'adresse pour empêcher qu'il ne soit
découvert (1). Jamais homme n'a été si
fin qu'il ait pu le cacher absolument ;
et lorsque des gens sont une fois recon-
nus pour tels, chacun les fuit, chacun
se défie d'eux, et tout le monde s'em-
presse à se liguer pour leur faire tête et
pour les détruire ; au contraire un
homme ouvert, raisonnable et prudent,
est favorisé d'un chacun, et va directe-

____

(1) « On peut être plus fin qu'un autre, mais
« non pas plus fin que tous les autres. » Réflexions
morales de M. de la Rochefoucault.

ment à son but. Or le vrai moyen de
disposer un enfant à avoir un jour de la
prudence, c'est de l'accoutumer à avoir
de véritables notions des choses, et à
n'être pas satisfait qu'il ne les ait effectivement; c'est d'élever son esprit à de
grandes et nobles pensées, et de lui inspirer de l'éloignement pour le mensonge
et pour la finesse, compagne inséparable du mensonge. Pour le reste, qui ne
s'apprend qu'à force de temps, d'expérience et de réflexions, qu'en conversant avec les hommes, en observant leur
tempérament et leurs desseins, il ne faut
pas l'attendre d'un enfant sans expérience et naturellement imprudent, ni
d'un jeune homme fougueux et incon-
sidéré. Tout ce qu'on peut faire pendant
ce temps-là, c'est, comme j'ai déja dit,
d'accoutumer les enfants à dire la vérité, à se soumettre à la raison, et à réfléchir, autant qu'il est possible, sur
leurs propres actions.

SECTION XXII.

DE LA CIVILITÉ ET DE LA POLITESSE.

§. CXLIV.

Du soin qu'il faut prendre pour rendre les enfants civils et polis.

La qualité que doit avoir après cela un jeune homme de bonne maison, c'est la politesse qui convient à des personnes bien élevées. Il y a deux sortes de défauts où l'on tombe, manque d'éducation : l'un est une pudeur niaise, et l'autre une négligence choquante, qui fait qu'on n'a des égards pour personne ; défauts qu'on évitera en observant exactement cette seule règle, *de n'avoir mauvaise opinion ni de soi ni des autres.*

§. CXLV.

La première partie de cette règle ne doit pas être expliquée par opposition à l'humilité, mais à une assurance raisonnable. Quoique nous ne devions pas nous flatter jusques au point de n'estimer que nous-mêmes, ou de nous préférer aux autres à cause de quelque avantage que nous croyons avoir sur eux, mais recevoir modestement les honneurs qu'on nous rend, lorsqu'ils nous sont dus, il est cependant nécessaire que nous ayons assez bonne opinion de nous-mêmes pour faire les choses auxquelles nous sommes obligés et qu'on attend de nous ; pour les faire, dis-je, sans peine et sans embarras devant telles personnes que ce soit, en conservant toujours à chacun le respect qui lui est dû selon son rang et sa qualité. Lorsque le commun peuple, et sur-tout les enfants, se trouvent avec des étrangers, ou avec des personnes qui sont au-dessus d'eux, une honte rustique éclate pour l'ordinaire

dans toutes leurs manières. Le désordre
qui paraît d'abord dans leurs pensées,
dans leurs paroles et dans leurs regards,
les déconcerte si fort, qu'ils ne sont plus
capables de faire quoi que ce soit, ou du
moins de le faire avec cette liberté et cette
grace qui ne manquent jamais de plaire,
et sans lesquelles on ne saurait être
agréable. Le seul moyen de les corriger
de ce défaut, comme de tout autre méchant pli, c'est de leur faire prendre
par l'usage une habitude toute contraire.
Mais comme nous ne saurions nous accoutumer à la conversation des étrangers et
des personnes de qualité, sans être dans
leur compagnie, rien ne peut dissiper
cette espèce de rusticité que de fréquenter différentes compagnies, et qui soient
composées de personnes au-dessus de
nous.

§. CXLVI.

Au lieu que le défaut dont nous venons de parler consiste en ce que nous nous
faisons une trop grosse affaire de la ma-

nière dont nous devons nous conduire avec les autres hommes, l'autre défaut que produit une mauvaise éducation, consiste au contraire en ce que nous paraissons nous mettre trop peu en peine de plaire, et de témoigner du respect à ceux avec qui nous avons affaire. Deux choses sont nécessaires pour éviter ce dernier inconvénient : la première, de n'avoir aucun penchant à offenser personne; et la seconde, de trouver le moyen le plus insinuant de faire paraître cette disposition d'esprit : par la première, les hommes passent pour civils; et par la dernière, pour gens polis. La politesse est une grace, une bienséance qui accompagne les regards, la voix, les paroles, les gestes et tout le maintien d'une personne, qui nous rend agréables en compagnie, et qui fait que ceux avec qui nous conversons sont contents et à leur aise. C'est, pour ainsi dire, un langage par lequel on exprime les sentiments de civilité et d'honnêteté qu'on a dans le cœur, et qui, dépendant entièrement de l'usage de chaque pays

comme les autres langues (1), se doit
apprendre par règles et par pratique,
et sur-tout en observant et en fré-
quentant ceux qui passent dans le monde
pour être tout-à-fait polis et bien élevés. L'autre devoir, dont le principe ré-
side dans le fond du cœur, c'est une
bienveillance générale pour tout le monde; c'est cette humanité qui inspire à
tous ceux qui en sont pénétrés, la précaution de ne pas faire paraître, par leur

---

(1) C'est à-peu-près ce qu'a pensé sur tout ceci
le pénétrant et délicat La Bruyère. Le tour fin et
singulier qu'il donne à ses pensées, me fait croire
que je puis citer hardiment ses paroles sans qu'on
se plaigne de la répétition. « L'on peut, dit-il, dé-
« finir l'esprit de politesse, l'on ne peut en fixer la
« pratique. Elle suit l'usage et les coutumes reçues:
« elle est attachée au temps, aux lieux, aux per-
« sonnes. L'esprit tout seul ne la fait pas deviner;
« il fait qu'on la suit par imitation et qu'on s'y per-
« fectionne.... Il me semble que l'esprit de politesse
« est une certaine attention à faire que, par nos pa-
« roles et par nos manières, les autres soient con-
« tents de nous et d'eux-mêmes. » Chap. V, *de la
Société*.

conduite, qu'ils négligent ou méprisent qui que ce soit, mais plutôt de témoigner à chacun, par tous les moyens qui sont en usage dans le pays où ils se trouvent, toute l'estime et tous les égards qui lui sont dus selon sa condition et le rang qu'il tient dans le monde. En un mot, la civilité est une disposition d'esprit qui nous engage à nous conduire de telle manière que notre compagnie ne soit à charge à personne.

Je remarquerai à ce propos quatre qualités directement contraires à cette vertu, qui est la première et la plus charmante de toutes les vertus sociales : c'est d'une de ces quatre sources que découle communément l'incivilité (1).

---

(1) La Bruyère a renfermé en peu de mots la nature et les principales causes de l'incivilité. Le passage est si beau, que je ne saurais m'empêcher de le mettre ici. « L'incivilité, dit-il, n'est pas un « vice, elle est l'effet de plusieurs vices : de la sotte « vanité, de l'ignorance de ses devoirs, de la pa- « resse, de la stupidité, de la distraction, du mé- « pris des autres, de la jalousie. Pour ne se répandre

Je les proposerai donc ici, afin qu'on prenne soin de préserver ou de délivrer les enfants de leur mauvaise influence.

1. La première est cette férocité naturelle, qui fait qu'un homme est sans complaisance pour les autres hommes; de sorte qu'il n'a aucun égard à leurs inclinations, à leur tempérament, ou à leur état. Le vrai caractère d'un homme grossier et rustique, c'est de ne point faire de réflexion sur ce qui plaît ou déplaît à ceux avec lesquels il se trouve; mais il n'est que trop ordinaire de voir des gens qui, avec des habits à la mode, ressemblent à des paysans par cet endroit-là : je veux dire, qui s'abandonnent sans retenue à leur humeur, soumettant à leurs bizarres fantaisies tous ceux qui se rencontrent sur leur chemin, sans se mettre aucunement en peine

---

« que sur les dehors, elle n'en est que plus haïssable, « parce que c'est toujours un défaut visible et « manifeste : il est vrai cependant qu'il offense « plus ou moins, selon la cause qui le produit. » Chap. XI, *de l'Homme*.

comment ils le prendront. C'est une bru-
talité que tout le monde voit et déteste :
car qui pourrait s'en accommoder ? Et par
conséquent quiconque veut persuader
aux autres qu'il a la moindre teinture
d'éducation, ne saurait se rendre coupa-
ble d'un tel vice; puisque l'essence et la
vraie fin de l'éducation, c'est d'adoucir
la férocité naturelle des hommes, et de
vaincre la rudesse de leur tempérament,
afin qu'ils puissent s'ajuster à ceux avec
lesquels ils ont à faire.

2. Un autre défaut contraire à la civilité, c'est le mépris ou le manque de
respect, qui se découvre par les regards,
les paroles ou les gestes, et qui déplaît
toujours, de quelque part qu'il vienne;
car personne ne peut voir sans peine
qu'on le méprise.

3. L'*esprit de critique* est encore directement contraire à la civilité. Que les
hommes soient coupables ou non, ils
n'aiment pas qu'on relève leurs fautes,
et qu'on les expose en plein jour à leurs
propres yeux, ou devant d'autres personnes. Un reproche est toujours ac-

compagné de quelque honte; et la dé-
couverte, ou même l'imputation de
quelque défaut, fait toujours de la peine
à la personne qui en est le sujet. La
raillerie est un des moyens les plus raf-
finés d'exposer les fautes d'autrui. Mais
parce qu'elle est ordinairement accompagnée d'esprit, et d'un tour d'expression
délicat, et qu'elle divertit la compagnie,
on s'imagine faussement qu'elle n'a rien
d'incivil, pourvu qu'elle soit renfermée
dans de certaines bornes. De là vient
qu'elle s'introduit dans la conversation
des personnes du premier rang, et
que ceux qui ont du talent pour la
raillerie, sont écoutés favorablement en
compagnie, et généralement applaudis
par de grands éclats de rire de tous
ceux qui donnent dans leur sens. Mais
les railleurs devraient considérer que,
s'ils réjouissent le reste de la compagnie, c'est aux dépens d'une personne
qu'ils tournent en ridicule, et qui par
conséquent en doit souffrir, à moins
que la chose dont il est raillé ne soit
en effet un vrai sujet de louange. Car,

en ce cas-là, des idées agréables, qui constituent la raillerie, n'étant pas moins flatteuses que divertissantes, la personne raillée y trouve son compte, et prend part au divertissement tout aussi-bien que les autres. Mais parce que tout le monde n'a pas l'adresse de bien manier une affaire si délicate, où la moindre méprise peut tout gâter, je crois que ceux qui sont bien-aises de ne se brouiller avec personne, et qu'en particulier tous les jeunes gens devraient s'abstenir absolument de railler, puisque, par une petite méprise ou par une mauvaise interprétation, la raillerie peut laisser dans l'esprit de ceux qu'elle attaque, un perpétuel souvenir d'y avoir été exposés d'une manière piquante, quoique spirituelle, pour quelque défaut digne de censure, dont ils se sentent coupables.

Outre la raillerie, une autre espèce de critique qui marque une méchante éducation, c'est l'*esprit de contradiction*. La complaisance ne nous impose pas la nécessité d'approuver sans cesse les raisonnements ou les contes qu'on fait en

5

notre présence, ni même de laisser passer sans rien dire tout ce qui se débite
dans les compagnies où nous nous ren-
controns. La vérité et la charité nous
obligent quelquefois à réfuter les opinions des autres, et à redresser leurs
méprises ; et la civilité ne s'oppose point
du tout à cela, pourvu que nous le fas-
sions avec toutes les précautions que
les circonstances exigent nécessairement.
Mais on voit des gens possédés, pour
ainsi dire, d'un esprit de contradiction,
qui, sans considérer si ce qu'on dit en
compagnie est bien ou mal dit, ne cessent de contredire (1) une partie de ceux
qui la composent, ou peut-être tous,

---

(1) « Le silence et la modestie, dit Montaigne,
« sont qualités très-commodes à la conversation.
« On dressera cet enfant à être épargnant et mé-
« nager de sa suffisance, quand il l'aura acquise,
« et à ne se formaliser point des sottises et fables
« qui se diront en sa présence ; car c'est une incivile
« importunité de choquer tout ce qui n'est pas de
« notre appétit. Qu'il se contente de se corriger soi-
« même, et ne semble pas reprocher à autrui tout
« ce qu'il refuse à faire, ni contrarier aux mœurs

chacun à son tour. Ce procédé est si
visiblement injurieux, qu'il n'y a personne qui n'en soit choqué; et en général on est si porté à soupçonner que
toute opposition à ce qu'un autre dit
part d'un esprit de critique, et il est si
rare que la critique soit reçue sans quelque espèce de mortification, qu'il ne
faut se déclarer contre les sentiments
d'autrui que de la manière la plus obligeante et dans les termes les plus doux
qu'on puisse imaginer; de sorte qu'il ne
paraisse aucun empressement à contredire dans tout le reste de notre conduite,
qui pour cet effet doit être accompagnée
de vraies marques de respect et de bienveillance, afin qu'en remportant l'avantage de mieux raisonner, nous ne per-

---

« publiques. *Licet sapere sine pompâ, sine invidiâ.*
« Fuis ces images régenteuses du monde et inciviles,
« cette puérile ambition de vouloir paroître plus
« fin pour être autre; et comme si ce fût marchan-
« dise mal-aisée que repréhensions et nouvelletés,
« vouloir tirer de là nom de quelque péculière va-
« leur. » *Essais*, liv. I, chap. XXV.

dions pas l'estime de ceux qui nous
écoutent.

4. Une humeur vétilleuse, qui se cho-
que de la moindre chose, est encore un
défaut fort contraire à la civilité, non-
seulement parce qu'elle nous engage à
faire des choses malséantes, et à employer des expressions grossières et choquantes; mais encore parce que c'est
une accusation et un reproche tacite de
quelque incivilité que nous trouvons à
redire en ceux qui sont l'objet de notre
chagrin. Or un tel reproche ne peut
que faire de la peine, outre qu'il ne faut
qu'une personne de cette humeur dans
une compagnie pour y mettre le désordre et en troubler toute l'harmonie.

Comme la félicité que les hommes recherchent constamment consiste dans le
plaisir, il est aisé de voir pourquoi les
gens civils sont mieux reçus dans le
monde que ceux qui peuvent être utiles.
L'habileté, la sincérité et la bonne intention d'un homme de poids et de mérite, ou même d'un véritable ami, dé-
dommagent rarement de l'inquiétude

que produisent ses graves et solides re-
montrances. La puissance, les richesses
et la vertu elle-même ne sont estimées
qu'en tant qu'elles contribuent à notre
félicité ; et par conséquent celui qui veut
persuader à d'autres qu'il a leur félicité
à cœur, s'y prend fort mal, si, en leur
rendant service, il le fait d'une manière
propre à les choquer et à leur déplaire ;
et au contraire quiconque sait plaire à
ceux avec lesquels il converse, sans s'a-
baisser à des flatteries lâches et serviles,
a trouvé l'art de vivre dans le monde,
et le vrai moyen d'être aimé et bien
reçu partout où il se trouvera. Il faudrait donc, avant toutes choses, n'épargner aucun soin pour faire en sorte que
le civilité devînt habituelle aux enfants
et aux jeunes gens.

§ CXLVII.

Un excès de civilité blâmable.

Un autre défaut contraire à la véritable politesse, c'est un excès de cérémonies et un attachement opiniâtre à

engager une personne à recevoir un honneur qui ne lui appartient pas, et qu'il ne peut accepter sans passer pour fou ou sans se couvrir de confusion. Il semble qu'en cela on a plutôt en vue de chagriner un homme que de l'obliger, ou du moins qu'on veut faire voir par cette espèce de combat qu'on est au-dessus de lui. Enfin, à regarder cette conduite par son plus bel endroit, il est certain qu'elle n'est propre (1) qu'à embarrasser, et qu'ainsi elle ne peut être la marque d'une bonne éducation, dont l'usage et la fin consistent à faire en sorte que les autres hommes se plaisent dans notre compagnie. On trouve peu de jeunes gens sujets à ce défaut; mais s'ils y tombent jamais, ou qu'ils paraissent y avoir quelque penchant, il faut les en avertir, et leur faire voir que c'est une civilité mal entendue; ce qu'ils

----

(1) C'est ce qu'avait observé Montaigne, qui dit plaisamment à ce sujet : « J'ai vu des hommes inci- « vils par trop de civilité, et importuns de cour- « toisie. » *Essais*, liv. I, chap. XIII.

doivent se proposer dans la conversation, c'est de faire paraître du respect, de l'estime et de la bienveillance pour tout le monde, en traitant chacun en particulier avec toutes les honnêtetés qui leur sont dues selon les règles de la civilité. Faire cela sans être soupçonné de flatterie, de dissimulation et de bassesse, c'est un grand art, et rien ne peut nous l'enseigner que le bon sens, la raison et le commerce des honnêtes gens (1); et du reste la chose est d'un si grand usage dans la vie civile, qu'elle mérite bien que nous l'étudiions avec quelque soin.

§ CXLVIII.

Quoique cet art porte le nom de bonne éducation, comme si le principal effet

______

(1) Ces secours sont admirables sans doute, pourvu qu'on ait le cœur bien fait et qu'on soit véritablement incapable de donner dans la dissimulation et dans la flatterie; mais sans cela les réflexions les plus solides et les meilleurs exemples seront toujours inutiles; car pour paraître vertueux, il faut l'être effectivement.

de l'éducation consistait à avoir des manières polies et engageantes, il ne faudrait pourtant pas, comme je l'ai déja remarqué, tourmenter beaucoup les enfants sur cet article; je veux dire, pour les obliger à lever le chapeau, et à faire la révérence dans les règles. Apprenez-leur, si vous pouvez, à être modestes et bienfaisants, et l'on ne trouvera point cela à dire en eux, la civilité n'étant autre chose dans le fond qu'une application à ne faire paraître dans la conversation aucun mépris pour qui que ce soit. Quant aux moyens les plus autorisés de faire connaître ces sentiments, nous en avons déjà parlé. Ces moyens sont aussi particuliers et aussi différents en diverses parties du monde que les langues qu'on y parle; et, à le bien prendre, il est aussi inutile et aussi déraisonnable de prescrire des règles et de faire de grands discours aux enfants sur ce sujet, qu'il le serait de donner de temps en temps une ou deux règles sur la langue espagnole à une personne qui ne fréquente que des Français. Recommandez tant qu'il vous plaira la civilité à votre enfant; telle sera la compagnie qu'il fréquentera, telles seront ses manières. Prenez-moi un laboureur de votre voisinage qui ne soit jamais sorti de sa paroisse, faites-lui tant de discours que vous voudrez pour lui donner un extérieur agréable, il ressemblera à un courtisan par le langage tout aussitôt que par les manières, c'est-à-dire qu'à ces deux égards il n'aura jamais plus de politesse que ceux qu'il fréquente ordinairement. Ainsi tout le soin qu'on peut prendre des enfants à cet égard, se réduit à les tenir le plus qu'on peut en bonne compagnie jusqu'à ce qu'ils soient en âge d'être mis sous la conduite d'un gouverneur qui soit lui-même poli et bien élevé; et pour vous dire librement ma pensée, si les enfants ne font rien par opiniâtreté, par orgueil, ou par quelque autre méchant principe, peu importe de quelle manière ils lèvent le chapeau ou font la révérence. Si vous pouvez leur apprendre à aimer et à respecter les autres hommes, ils

trouveront bien, lorsqu'ils seront d'âge
pour cela, le moyen de le faire sentir
obligeamment à chacun selon les manières auxquelles ils auront été accoutumés. Pour ce qui est des mouvements
du corps, un maître à danser leur en-
seignera, comme j'ai déja dit, ce qui
sied le mieux à cet égard quand il en
sera temps. Du reste, lorsqu'ils sont
encore jeunes, on n'attend pas d'eux
qu'ils s'attachent fort exactement à toutes
ces cérémonies ; on leur permet au
contraire d'être négligents sur cet article, et cette négligence sied aussi
bien aux enfants que les compliments
aux grandes personnes; ou si elle passe
pour un défaut dans l'esprit de certaines
gens fort délicats, je suis assuré du
moins que c'est un défaut auquel il ne
faudrait pas prendre garde, et qui ne
devrait être corrigé que par le temps
et par la conversation des honnêtes gens.
Je ne crois donc pas que vous deviez
vous donner la peine de chagriner ou
de censurer sur cela votre enfant comme
j'en vois souvent qu'on tourmente pour

ces sortes de choses; mais s'il fait paraître dans ses manières quelque marque d'orgueil ou de mauvais naturel,
c'est de quoi vous devez le corriger à
quelque prix que ce soit, ou par des
raisons, ou en lui faisant honte d'un tel
procédé.

Quoiqu'on ne doive pas embarrasser
beaucoup les enfants de règles et de
préceptes sur ce qui regarde les manières lorsqu'ils sont encore fort jeunes,
il y a pourtant une sorte d'incivilité
que les jeunes gens contractent fort aisément si on ne les en détourne de bonne
heure : c'est *un empressement à interrompre ceux qui parlent, et à les arrêter en les contredisant.* Je ne sais si
cet empressement des jeunes gens à relever ce qui se dit en leur présence, et
à ne pas laisser échapper la moindre
occasion de faire paraître leur esprit,
vient de la coutume de disputer, si fort
établie dans les écoles, et de la réputation d'esprit et de savoir qu'on y attache ordinairement, comme si la dispute était la seule preuve d'habileté :

mais je trouve que les savants de profession sont les plus blâmés de ce défaut. Du reste rien n'est plus grossier que d'interrompre quelqu'un au milieu de son discours : car si nous ne tombons pas dans l'inconvénient ridicule de répondre à un homme avant que de savoir ce qu'il veut dire, du moins nous déclarons nettement par-là que nous sommes dégoûtés de l'entendre plus long-temps ; et que, méprisant ce qu'il dit comme peu propre à servir d'entretien à la compagnie, nous demandons audience pour dire des choses qui sont beaucoup plus dignes de leur attention. Un tel procédé est visiblement l'effet d'un grand mépris des autres, et ne peut qu'être très-choquant ; c'est néanmoins ce qu'emporte presque toujours la licence qu'on se donne d'interrompre ; et si l'on joint à cela, comme c'est l'ordinaire, la censure de quelque faute, ou une opposition formelle à ce qui vient d'être dit, c'est une marque d'orgueil et d'entêtement de soi-même, encore plus insupportable, puisqu'en ce cas-là nous nous érigeons nous-mêmes en docteurs, prenant la liberté de redresser les autres sur quelque point de fait s'ils sont engagés dans le récit d'une histoire, ou d'exposer les fautes de jugement que nous croyons qu'ils viennent de commettre.

Je ne veux pas dire par là qu'on dût bannir des conversations la dispute et la différence des sentiments. Ce serait se priver du plus grand fruit de la société et de l'instruction qu'on peut retirer de la compagnie des gens d'esprit : car leurs raisonnements opposés, nous montrant les choses par leurs différents côtés, contribuent par cela même à nous les faire connaître, au lieu que la considération de leurs différents aspects et de tant de différents degrés de probabilité que cette opposition présente à l'esprit, serait perdue pour nous, si en conversation chacun était obligé d'approuver l'opinion de celui qui parle le premier. Ce n'est pas l'opposition aux sentiments d'autrui que je blâme, mais la manière de contredire. Il faut apprendre aux jeunes gens à ne pas s'empresser de dire leur avis, qu'ils ne soient priés de le faire, ou que les autres n'aient achevé de parler, et à ne déclarer alors leur pensée qu'en forme de question pour être instruits, et non pas pour instruire les autres. Ils devraient s'abstenir (1) d'affirmer les choses positivement et d'un ton de maître, et se contenter de proposer modestement leurs questions comme des gens qui veulent apprendre lorsque le silence général de toute la compagnie leur en fournit le moyen.

Cette modestie, qui sied si bien à

---

(1) « J'aime, dit le bon Montaigne, ces mots « qui amollissent et modèrent la témérité de nos « propositions, *à l'adventure, aucunement, on dit,* « *je pense,* et semblables ; et si j'eusse eu à dresser « des enfants, je leur eusse tant mis en la bouche « cette façon de respondre, enquestante, non ré- « solutive : *Qu'est-ce à dire ? je ne l'entends pas ;* « *il pourrait estre ; est-il vrai ?* qu'ils eussent plus- « tost gardé la forme d'apprentis à soixante ans, « que de représenter les docteurs à dix ans, comme « ils font : qui veut guérir de l'ignorance, il faut la « confesser. » *Essais,* liv. III, chap. 2.

leur âge, n'obscurcira point leurs talents, et ne diminuera en aucune manière la force de leurs raisons, mais leur
procurera au contraire une attention
plus favorable, et donnera plus de poids
à leurs paroles. Une méchante raison,
une observation triviale ainsi proposée
avec quelque préambule civil qui marque de la déférence et du respect pour
les sentiments d'autrui, leur fera plus
d'honneur que beaucoup d'esprit et de
savoir accompagné d'une conduite gros-
sière, insolente et tumultueuse, qui ne
manque jamais de choquer les auditeurs,
et de leur donner mauvaise opinion de
celui qui a des manières si désagréa-
bles, quoiqu'il remporte l'avantage d'a-
voir mieux raisonné que personne.

Il faudrait donc observer de près les
jeunes gens sur cet article, s'opposer de
bonne heure au penchant qu'ils ont à
contredire et à interrompre, et leur faire
prendre l'habitude opposée dans toutes
leurs conversations, et avec d'autant plus
de soin, qu'il n'est que trop commun
parmi nous de voir des hommes faits et

d'un rang distingué, qui en conversation s'empressent de prendre la parole; s'interrompent à tout moment les uns les autres, et disputent d'une voix haute et emportée. Les Indiens, que nous nommons barbares, font paraître bien plus de civilité et de bienséance dans leurs entretiens, s'écoutant l'un l'autre tour-à-tour sans ouvrir la bouche, que celui qui a la parole n'ait entièrement achevé de parler, et répondant alors tranquillement sans bruit et sans passion. Si l'on en use autrement dans cette partie du monde si civilisée, ce qui fait qu'on n'a pas encore réformé parmi nous ce reste de barbarie, c'est sans doute le peu de soin qu'on prend de l'éducation des enfants à cet égard. N'était-ce pas, à votre avis, un spectacle bien plaisant de voir deux femmes de qualité, assises par accident aux deux côtés opposés d'une chambre que le reste de la compagnie occupait tout autour, entrer en dispute, et s'emporter si fort, que, faisant avancer peu-à-peu leurs chaises dans la chaleur de la contestation, elles se trouvèrent

bientôt tout près l'une de l'autre au milieu de la chambre, où, pendant un assez long temps, semblables à ces coqs
qu'on fait battre au milieu d'un amphi-
théâtre, elles continuèrent leur dispute
avec beaucoup de fureur sans avoir le
moindre égard pour le reste de la compagnie, qui ne pouvait s'empêcher de
sourire à la vue d'un tel combat? Je tiens
la chose d'une personne de qualité qui
était présente, qui ne manqua pas de
faire réflexion sur les indécences où l'on
peut être entraîné par la chaleur de la
dispute; et puisque la coutume n'en
fournit que trop d'exemples, il faudrait
prendre d'autant plus de soin de les prévenir dans les enfants. Il n'y a personne
qui ne condamne ces indécences dans
les autres, quoiqu'il ne les aperçoive
point en lui-même; et bien des gens
qui les voient en eux-mêmes, et qui désirent de s'en corriger, ne sauraient
pourtant secouer le joug d'une méchante
coutume changée en habitude par la négligence de ceux qui ont été chargés du
soin de leur éducation.

§ CXLIX.

Réflexion faite, en passant, sur l'influence de la compagnie qu'on fréquente.

Ce qui a été dit ci-dessus de l'effet que produit la compagnie qu'on fréquente, nous ouvrirait un champ bien plus vaste, et nous ferait voir que l'influence de la compagnie s'étend beaucoup plus loin, si nous prenions la peine de suivre exactement cette pensée : car la conversation ne nous communique pas seulement ces manières extérieures dans lesquelles consiste la civilité ; son influence passe plus avant, et pénètre jusque dans l'intérieur de l'ame ; et peut-être que si l'on réduisait à leur juste prix la morale et les différentes religions du monde, on trouverait que la plus grande partie des hommes ont adopté les opinions et les cérémonies pour lesquelles ils sont prêts à mourir, plutôt parce qu'elles sont reçues dans les pays où ils vivent et approuvées par les per-

sonnes de leur connaissance, que par
aucune raison qui les persuade de la vérité de ces choses. Je ne dis ceci que
pour vous montrer de quelle importance
je crois qu'est pour votre enfant, durant
tout le cours de sa vie, la compagnie
qu'il fréquentera; et par conséquent avec
combien de circonspection il faudrait
ménager ce seul article, qui est plus capable d'influer sur sa conduite que tout
ce que vous pourrez faire d'ailleurs.

SECTION XXIII.

DU SAVOIR.

§ CL.

Ce qu'il faut apprendre aux enfants.

VOUS vous étonnerez peut-être que je
mette le *savoir* au dernier rang des choses nécessaires à un enfant bien élevé,
sur-tout si je vous dis que, selon moi,
c'est effectivement la chose (1) la moins

---

(1) Montaigne est précisément du même avis.
Il le dit et le redit, et toujours avec une nouvelle
grace. « Il me semble, dit-il, que les premiers dis-
« cours de quoi on lui doit abreuver l'entende-
« ment, ce doivent être ceux qui règlent ses mœurs
« et son sens, qui lui apprendront à se connoître et
« à savoir bien mourir et bien vivre. Entre les arts
« libéraux, commençons par l'art qui nous fait

importante. Ceci paraîtra étrange dans la bouche d'un homme de lettres. Comme le savoir est d'ordinaire le point capital, pour ne pas dire le seul dont on fait une affaire aux enfants (car on ne pense presque à autre chose lorsqu'on parle de leur éducation), ce que je viens de dire ne peut qu'être fort contraire aux idées communes. Quand je considère combien on prend de peine pour enseigner un peu de latin et de grec aux enfants, combien on emploie d'années à cela, et combien ce soin entraîne après soi de bruit et d'embarras sans produire aucun fruit, je suis tenté de croire que

---

« libres. Ils servent tous voirement en quelque ma-
« nière à l'instruction de nostre vie et à son usage,
« comme toutes autres choses y servent en quel-
« que manière aussi. Mais choisissons celui qui y
« sert directement et professoirement. — Après
« qu'on lui aura appris ce qui sert à le faire plus
« sage et meilleur, on l'entretiendra que c'est que
« logique, physique, géométrie, rhétorique ; et la
« science qu'il choisira, ayant desja le jugement
« formé, il en viendra bientost à bout. » *Essais*,
liv. I, ch. XXV.

leurs parents regardent encore avec une espèce de frayeur respectueuse la verge des maîtres d'école, qu'ils considèrent comme l'unique moyen qu'on puisse employer pour bien élever des enfants, comme si toute leur éducation ne consistait qu'à apprendre une ou deux langues ; et le moyen que sans cela l'on pût permettre qu'un enfant fût assujetti à un esclavage de galérien pendant les huit ou dix plus belles années de sa vie, pour attraper une ou deux langues qu'on peut apprendre, si je ne me trompe, avec beaucoup moins de peine et de temps, et presque en badinant.

Cela étant, pardonnez-moi si je dis que je ne saurais penser sans émotion que, pour former et polir l'esprit d'un jeune homme de bonne maison, il faille le mettre dans un collége avec une troupe d'autres enfants, et le faire travailler à coups de fouet, comme s'il devait faire ses classes *en passant*, pour ainsi dire, *par les baguettes*. Quoi donc! *me direz-vous*, ne voulez-vous pas que mon enfant apprenne à lire et à écrire?

Faut-il qu'il soit plus ignorant que le clerc de notre paroisse, qui prend Chapelain et Corras (1) pour les meilleurs poëtes du monde, et dont il rend les ouvrages encore plus mauvais qu'ils ne sont, par la manière désagréable dont il les lit ? N'allez pas si vîte, je vous prie : savoir lire et écrire, avoir de l'érudition, tout cela est nécessaire, j'en conviens, mais ce n'est pourtant pas là ce qui nous importe le plus : et en effet, ne conviendrez-vous pas avec moi qu'il faudrait être tout-à-fait déraisonnable pour ne pas estimer infiniment plus un homme vertueux ou habile dans les affaires de la vie qu'un homme simplement savant? Ce n'est pas qu'à mon avis le savoir ne contribue beaucoup à la production de ces deux qualités dans des esprits bien disposés. Mais il faut avouer aussi que, dans d'autres personnes qui n'auront pas ces bonnes dispositions, la science ne sert qu'à les rendre plus sots, ou

____

(1) Il y a dans l'anglais *Hopkeins* et *Sternhold*, deux méchants poëtes anglais.

plus méchants (1). Je vous dis ceci afin que, lorsque vous viendrez à penser à l'éducation de votre enfant, et que vous jetterez les yeux sur un maître ou sur un gouverneur pour lui en confier le soin, vous n'examiniez pas uniquement, comme c'est l'ordinaire, s'il sait bien le latin et toutes les finesses de la logique. La science doit être recherchée, non pas directement et pour elle-même, mais simplement comme un moyen pour acquérir quelque chose de plus excellent. Pour cet effet, cherchez quelque personne qui ait (2) toute la prudence né-

---

(1) C'est ainsi que les instructions de Sénèque, bien loin d'adoucir le tempérament de Néron, ne servirent qu'à donner de nouvelles forces à sa férocité naturelle, comme a très-bien remarqué *Ausone* dans son remerciment à Gratien. *Seneca arguetur*, dit-il, *non erudiisse indolem Neronis, sed armasse sævitiam.* Page 240, édit. *Scaligeri.*

(2) « Je voudrais aussi, dit Montaigne, qu'on « fust soigneux de lui choisir un conducteur qui « eust plutost la teste bien faite, que bien pleine, « et qu'on y requist tous les deux, mais plus les « mœurs et l'entendement que la science. — Qu'il

cessaire pour bien former les mœurs
de votre enfant. Mettez-le en part où
vous puissiez, autant qu'il est possible,
mettre son innocence à couvert, le porter au bien, corriger et vaincre par des
voies douces les mauvaises inclinations
auxquelles il peut être sujet, et lui faire
prendre de bonnes habitudes. C'est là
le point capital de l'éducation des enfants; et lorsqu'on y a pourvu, la science
peut s'acquérir comme par surcroît, et
fort facilement, à mon avis, en suivant
certaines méthodes.

§ CLI.

Un enfant doit commencer d'apprendre à lire lorsqu'il sait parler.

Lorsqu'un enfant sait parler, il est
temps qu'il commence d'apprendre à
lire. Mais ici permettez-moi de vous ré-

« ne lui demande pas seulement compte des mots
« de sa leçon, mais du sens et de la substance, et
« qu'il juge du profit qu'il aura fait, non par le
« témoignage de sa mémoire, mais de sa vie. »
Essais, liv. 1 ; chap. XXV.

péter une chose qu'on peut oublier fort aisément, c'est qu'il faut n'épargner aucun soin pour faire en sorte que la lecture ne soit pas une occupation à son égard, et qu'il ne la considère point comme une tâche à fournir nécessairement. Naturellement nous aimons la liberté : cette passion naît avec nous, comme je l'ai déja remarqué ; c'est pourquoi nous avons de l'aversion pour plusieurs choses, par la seule raison qu'elles nous sont commandées. Pour moi, j'ai toujours cru qu'on pourrait engager les enfants à se faire un plaisir et un divertissement d'apprendre tout ce qu'on voudrait leur enseigner, et à souhaiter d'être instruits : si on leur proposait l'étude comme une chose honorable, agréable et divertissante par elle-même, ou bien comme une récompense qui leur serait accordée pour avoir fait quelque autre chose, et qu'on eût soin de ne les jamais quereller ou châtier pour avoir négligé de s'y appliquer. Ce qui me confirme dans cette pensée, c'est que parmi les Portugais les enfants sont

si fort accoutumés à apprendre, comme
à l'envi, à lire et à écrire, qu'on ne
saurait les en détourner ; ils s'empressent à l'apprendre les uns des autres et
avec autant d'ardeur que si on le leur
défendait ; sur quoi il me souvient qu'é-
tant dans la maison d'un de mes amis,
dont le plus jeune de ses enfants, qui
portait encore la robe, et auquel sa mère
montrait à lire, n'aimait pas à dire sa
leçon, et ne s'y résolvait qu'avec peine,
je m'avisai de l'y obliger autrement que
par devoir. Pour cet effet, commençant
à discourir entre nous, en sa présence,
(de sorte qu'il pût nous entendre) sans
pourtant faire semblant de prendre
garde à lui, nous dîmes « que c'était le
« privilége des héritiers et des aînés de
« la maison d'être savants, que par-là
« ils paraissaient avec éclat dans le monde,
« et étaient aimés de tous ceux qui les
« connaissaient, mais que pour les ca-
« dets, on leur faisait grace de leur don-
« ner quelque éducation ; que de leur
« apprendre à lire et à écrire, c'était
« faire pour eux plus qu'il ne leur était

« dû, et que, s'ils voulaient, ils pou-
« vaient être ignorants et grossiers comme
« des paysans. » Cela fit une si profonde
impression sur l'esprit de ce jeune enfant, que depuis il eut envie d'apprendre. Il allait de lui-même auprès de sa
mère pour lire, et il ne laissait point en
repos sa gouvernante, qu'elle ne lui eût
entendu dire sa leçon. Je ne doute point
qu'on ne pût se servir de quelque expédient pareil à celui-là avec d'autres
enfants, et qu'après avoir connu leur
humeur, on ne pût leur insinuer quelques pensées qui leur fissent naître du
désir pour la science, et les engageas-
sent à la rechercher comme une espèce
de jeu ou de divertissement. Mais en ce
cas-là il faut prendre soin, comme j'ai
déja dit, de ne leur imposer aucune
des choses qu'on veut leur apprendre,
comme une tâche à fournir nécessairement, ni de leur en faire un sujet de
chagrin. Pour faire apprendre l'alphabet
aux enfants en se jouant, on peut se
servir de dés et d'autres semblables
choses, où les lettres fassent partie du

jeu, et inventer dans cette vue vingt autres moyens qui conviennent à leur humeur particulière.

§ CLII.

Ainsi, à la faveur de quelque innocente ruse, on peut faire que les enfants apprennent à connaître les lettres de l'alphabet et à lire, sans regarder cette occupation que comme un véritable jeu, et par ce moyen se divertir effectivement à une chose pour laquelle d'autres sont fouettés. On ne doit charger les petits enfants de rien qui sente le travail ou qui soit fort sérieux; c'est un joug que leur esprit ni leur corps ne peuvent point porter. Il est préjudiciable à leur santé; et je suis certain que ce n'est que pour avoir été forcés de s'attacher à leurs livres dans un âge ennemi de toute contrainte, que la plupart des enfants haïssent les livres et la science durant tout le reste de leur vie. Il en est de cela comme de l'indigestion qui laisse après soi une aversion invincible pour la viande dont l'estomac a été surchargé.

§ CLIII.

Moyen d'enseigner à lire aux enfants en jouant.

J'ai donc pensé que si les jeux étaient tournés de ce côté-là, au lieu que d'ordinaire ils ne tendent à rien, on pourrait trouver plusieurs moyens d'apprendre à lire aux enfants, pendant qu'ils s'imagineraient ne faire autre chose que jouer. On pourrait faire, par exemple, une boule d'ivoire semblable à celle dont on se sert (1) en certains jeux, laquelle eût trente-deux faces, ou plutôt vingt-quatre ou vingt-cinq; et sur plusieurs de ces faces on collerait un A, sur plusieurs autres un B, sur d'autres un C, et sur d'autres un D. Je serais d'avis que d'abord on ne se servît que de ces quatre lettres; et peut-être même serait-il mieux

---

(1) Il y a dans l'anglais, *dans la loterie du Royal Oak.* C'est un jeu de hasard qui n'est connu qu'en Angleterre, et où l'on se sert d'une boule d'ivoire qui a trente-deux faces, sur lesquelles sont gravés divers nombres.

de n'en employer que deux au commencement, et que lorsque l'enfant les connaîtrait parfaitement bien, on en ajoutât une autre, et ensuite d'autres par degrés, jusqu'à ce qu'y ayant une lettre sur chaque face, tout l'alphabet fût imprimé sur la boule. Avant que l'enfant joue à ce jeu, il faudrait que d'autres personnes y jouassent, car dans le fond on peut aussi bien jouer à qui jettera le premier un A ou un B, qu'à qui jettera six ou sept points aux dés. Or, ce jeu étant une fois en usage parmi vous, ne sollicitez pas votre enfant d'y jouer, de peur que vous ne lui en fassiez une affaire; car il faudrait qu'il n'en entendît jamais parler que comme d'un jeu de personnes faites, et en ce cas-là je ne doute point que de lui-même il ne s'y attache avec plaisir. Mais, afin qu'il ait plus de sujet de s'imaginer que c'est un jeu auquel on l'admet quelquefois par grace, lorsque le jeu est fini, il faudra mettre la boule en un lieu sûr où il ne puisse point atteindre, de peur que l'ayant à toute heure en son pouvoir, il ne vînt à s'en dégoûter; et pour faire qu'il s'y applique toujours avec une égale ardeur, mettez-lui dans l'esprit que c'est un jeu qui n'appartient proprement qu'à des personnes au-dessus de lui.

§ CLIV.

Lorsque par ce moyen il connaîtra les lettres, il peut, en les assemblant, apprendre à lire sans savoir comment il l'a fait, sans avoir été jamais repris ou chagriné pour cela, et sans contracter aucune aversion pour les livres, à cause des rudes traitements qu'ils lui auraient attirés. Si vous observez les enfants, vous verrez qu'ils prennent beaucoup de peine pour apprendre plusieurs jeux; qu'ils regarderaient comme une occupation et une tâche, et qu'ils prendraient en aversion, si on leur ordonnait de s'y appliquer. Je connais une personne de grande qualité, plus illustre par son savoir et par sa vertu, que par sa naissance et par le haut rang qu'elle tient dans l'état, qui, s'étant avisée de

coller les six voyelles de l'alphabet (car
l'y est une voyelle dans la langue anglaise) sur les six faces d'un dé, et les
dix-huit consonnes qui restent sur les
faces des autres dés, a fait avec ces dés
un jeu pour ses enfants, où celui-là
gagne qui dans un coup jette plus de
mots avec ces quatre dés. Par-là, le plus
âgé de ses fils, portant encore la robe,
en est venu jusqu'à épeler les lettres
avec une extrême ardeur, sans avoir été
querellé pour cela, ou sans y avoir été
engagé par force.

§ CLV.

J'ai vu des petites filles qui passaient
des heures entières à prendre beaucoup
de peine pour se rendre habiles à un
certain jeu où il faut ramasser de terre
une pierre avec assez de vîtesse, pour
avoir le temps de reprendre une autre
pierre, qu'on a déja jetée en l'air avant
qu'elle tombe à terre. Je ne les ai jamais observées dans cette occupation,
sans penser qu'il ne faudrait qu'inventer
quelque heureux expédient pour les en-

gager à donner tout ce soin à quelque
chose qui pût leur être plus utile que
ce jeu ; de sorte que, si les enfants perdent leur temps à des bagatelles, ce n'est,
à mon avis, que par la faute et par la
négligence des personnes qui sont char-
gées de leur conduite. Les enfants ont
beaucoup moins de penchant à être
sans rien faire que les hommes ; et ce
sont les hommes qu'il faut blâmer, si
une partie de cette humeur agissante
qui éclate dans les enfants, n'est pas ap-
pliquée à quelque chose d'utile ; car,
pour l'ordinaire, les enfants y prendraient autant de plaisir qu'aux choses
auxquelles ils ont accoutumé de passer
leur temps, si les hommes étaient seulement la moitié aussi empressés à marcher devant, que ces petits singes seraient portés à suivre. Ainsi je m'imagine
que quelques sages Portugais introdui-
sirent parmi les enfants de leur pays
cette coutume dont j'ai ouï parler, qui
fait, comme je disais tout à l'heure, que
les enfants y sont si empressés à apprendre à lire et à écrire, qu'il est comme

impossible de les en empêcher. Il y a de même certains lieux en France où les enfants s'enseignent les uns les autres à chanter et à danser, pour ainsi dire, dès le berceau.

§ CLVI.

Pour revenir aux lettres qu'on peut coller sur des dés ou sur d'autres corps à plusieurs faces, afin d'apprendre à lire aux enfants, il vaudrait mieux se servir d'abord de caractères semblables à ceux d'une bible *in-folio*, sans y mêler aucune lettre capitale. Lorsqu'une fois votre enfant saura lire ce qui est imprimé avec ces sortes de caractères, il connaîtra bientôt les lettres capitales; et dans le commencement il ne faut pas l'embarrasser de différents caractères. Avec ces sortes de dés, vous pouvez aussi faire un jeu tout-à-fait semblable à celui du *Royal Oak* (ce qui mettrait une nouvelle variété dans la chose), et y jouer pour des cerises, pour des pommes, etc.

§ CLVII.

On pourrait inventer avec des lettres vingt autres jeux, que ceux qui approuvent cette méthode pourront imaginer sans peine, et appliquer à cet usage s'ils en ont envie. Mais pour moi, je crois que l'invention des quatre dés, dont nous venons de parler, est si aisée à pratiquer et si utile, qu'il serait difficile d'en trouver une meilleure, et qu'à peine peut-il arriver qu'il soit nécessaire d'en employer quelque autre.

§ CLVIII.

En voilà assez sur la méthode que vous pouvez observer pour apprendre à lire à votre enfant. Du reste, ne l'y obligez jamais par force ou en le querellant. Servez-vous, si vous pouvez, de quelque artifice pour l'y engager, mais ayez soin de ne lui en pas faire une occupation. Il vaut mieux qu'il emploie un an de plus à apprendre à lire, que si, par ce moyen, il prenait la lecture

en aversion. Si vous avez quelque dé-
mêlé avec lui, que ce soit sur des choses
importantes qui regardent la vérité et
les bonnes mœurs, mais ne vous amusez
pas à le chagriner sur l'*a*, *b*, *c*. Em-
ployez toute votre adresse à faire en
sorte que sa volonté se soumette à la
raison. Apprenez-lui à aimer l'honneur
et la véritable louange, à craindre fortement d'être regardé avec mépris ou
avec indifférence, sur-tout par vous et
par sa mère, après quoi tout le reste
viendra aisément de lui-même. Mais en
ce cas-là vous ne devez pas, à mon avis,
le gêner par des règles sur des choses
indifférentes, ou le censurer pour chaque petite faute qu'il fera, ou peut-être
même pour des fautes qui pourraient
paraître fort considérables à d'autres
personnes. Mais je me suis déja assez
étendu sur cet article.

§ CLIX.

Lorsque, par ces moyens doux et faciles, un enfant commence à savoir lire,
il faut lui mettre entre les mains quel-

que joli livre proportionné à sa capacité, dans lequel il trouve des choses qui puissent l'attacher, et le récompenser de la peine qu'il prend de le lire, mais qui ne soient pourtant pas de telle nature qu'elles lui remplissent la tête d'idées tout-à-fait creuses, de principes corrompus ou de pures bagatelles. Dans cette vue, je crois qu'on ne peut lui donner un meilleur livre que les *fables d'Ésope*, qui, étant propres à divertir et à occuper l'esprit d'un enfant, peuvent pourtant fournir de bonnes réflexions à un homme fait; et s'il les conserve dans sa mémoire tout le reste de sa vie, il ne sera pas fâché qu'elles lui reviennent dans l'esprit, lorsqu'il sera occupé de pensées graves et de ses plus sérieuses affaires. Si, d'ailleurs, chaque fable est représentée par une figure dans le livre qu'on lui donnera, cela lui plaira beaucoup plus, et l'encouragera à lire, parce qu'il servira à étendre ses connaissances: car c'est en vain qu'on parle aux enfants de ces sortes d'objets invisibles; ils ne sont point touchés de ces discours, ils n'y prennent aucun plaisir pendant qu'ils n'ont aucune idée des objets mêmes ; et ces idées ne peuvent être excitées dans leur esprit par le son des paroles, mais par les choses elles-mêmes ou par leurs images. Je serais donc d'avis que, dès qu'un enfant commence à épeler, on lui fit voir autant de figures d'animaux qu'on en pourrait trouver avec leurs noms imprimés tout auprès, ce qui l'engagera à lire, et lui donnera en même temps occasion de vous faire des questions, et d'apprendre quelque chose. Il y a un livre anglais, intitulé (1) *Rey-*

---

(1) C'est une histoire allégorique où sont représentés la plupart des défauts des hommes sous l'image des bêtes, et sur-tout du renard, l'un des principaux personnages. La morale de ce livre est bonne. Dans les plus anciennes éditions, tout y était d'une naïveté charmante, les pensées et le style ; mais on ne trouve plus chez les libraires que de nouvelles éditions où tout a été défiguré par quelque misérable écrivain qui, prétendant réformer cet ouvrage, l'a rempli de pensées extravagantes, d'expressions vagues et ampoulées, qui ne peignent rien à l'esprit. Au reste je ne crois pas que ce livre ait été traduit en français. Si l'on

nard the Fox, qui pourrait servir, si je ne me trompe, pour le même dessein. Au reste, si ceux qui sont auprès d'un enfant lui parlent souvent des histoires qu'il a lues, et qu'ils les lui entendent raconter, outre d'autres avantages qu'il en retirera, il deviendra par-là plus passionné pour la lecture, voyant qu'elle lui procure de l'utilité et du plaisir; ce qui dans la méthode communément établie n'arrive que fort tard, à mon avis. De là vient que les enfants ne regardent les livres que comme des amusements autorisés par la mode, ou comme

---

prend la peine d'expliquer aux enfants les fables de La Fontaine, qu'on pourra leur faire entendre bientôt après qu'ils sauront lire, s'ils sont français; voilà le livre qu'on doit leur mettre entre les mains. L'agréable y est si bien mêlé avec l'utile, que qui l'entend, ne peut que le goûter; et si un enfant prend une fois du plaisir à le lire, il y trouvera toujours de nouveaux charmes, à mesure qu'il avancera en âge, jusqu'à sa dernière vieillesse; car il contient, cet excellent ouvrage,

. . . . . . Id quod
Æquè pauperibus prodest, locupletibus æquè;
Æquè neglectum pueris, senibusque nocebit.

des embarras frivoles qui ne sont absolument d'aucun usage.

§ CLX.

Un enfant ne doit pas apprendre par cœur, et apprendre à lire tout-à-la-fois.

Il est nécessaire qu'un enfant apprenne bien par cœur *l'oraison dominicale*, le *symbole des Apôtres*, et les *dix commandements de Dieu* : mais je ne serais pas d'avis qu'il les apprît en les lisant lui-même dans un livre, mais en les entendant réciter par quelqu'un qui les lui répétât avant même qu'il sût lire. Il ne faudrait pas, ce me semble, qu'il apprît par cœur, et qu'il apprît à lire en même temps. Ces deux choses ne devraient point être mêlées ensemble, de peur que l'une n'arrêtât les progrès de l'autre ; et il faudrait faire en sorte qu'un enfant apprît à lire avec le moins de peine qu'il est possible.

Je ne sais quels autres livres anglais il y a, de l'espèce de ceux dont nous ve-

nons de parler, qui soient propres à la
lecture. Mais je suis tenté de croire que
les enfants, ayant été généralement as-
sujettis à la méthode établie dans les
écoles, où ils n'apprennent rien que par
la crainte de la verge, sans qu'aucun
plaisir les y invite, ces sortes de bons
livres, confondus avec tant de mauvais
de toute espèce, ont eu le malheur d'être
négligés, et ainsi l'on n'a fait usage d'aucun livre de ce genre que je sache, excepté l'*a*, *b*, *c*, quelques livres de prières,
les Psaumes, le nouveau Testament et
la Bible.

§ CLXI.

*Il ne faut pas faire lire aux enfants
tous les livres de la Bible indifféremment.*

Pour ce qui est de la *Bible*, dont on
se sert ordinairement pour exercer les
enfants à la lecture, et pour les y rendre plus habiles, je crois qu'il est si peu
utile de les faire lire indifféremment ce
livre tout de suite chapitre après chapitre, soit pour les perfectionner dans

la lecture, soit pour leur enseigner les principes de leur religion, qu'il n'y a peut-être rien qui y soit moins propre : car quel plaisir peut prendre un enfant de lire dans un livre, je ne sais combien d'endroits où il n'entend rien ? Or, combien peu de choses y a-t-il dans les *lois de Moïse*, dans le *Cantique des cantiques*, dans les *Prophéties du vieux Testament*, dans les *Épîtres* et dans l'*Apocalypse du nouveau*, qui soient proportionnées à la capacité d'un enfant ! Et quoique dans les quatre *Évangiles* et dans les *Actes des Apôtres* il y ait quelque chose de plus aisé à comprendre, cependant, à tout prendre, ces livres sont fort au-dessus de l'intelligence des enfants. Je conviens que les principes de la religion doivent être tirés de ces livres, et dans les propres termes qu'ont employés leurs divins auteurs ; mais on ne devrait proposer aux enfants aucun principe de religion, qui ne soit proportionné aux notions et à la capacité de leur esprit. Cela étant, il s'en faut bien qu'un enfant doive lire toute la Bible pour s'exercer à la lecture, car quel étrange chaos de pensées ne doit-il pas y avoir dans l'esprit d'un enfant (supposé qu'il ait une idée entièrement juste de quelque point particulier de religion), s'il lit dans sa tendre jeunesse tous les endroits de la Bible indifféremment, comme la parole de Dieu, sans aucune autre distinction? Pour moi, je suis fort tenté de croire que ç'a été là la véritable raison pour laquelle certaines gens n'ont eu de leur vie des pensées claires et distinctes de la religion.

§ CLXII.

Quels endroits de l'Écriture on peut faire lire aux enfants.

Mais puisque je suis tombé par hasard sur ce sujet, permettez-moi de vous dire qu'il y a quelques parties de l'Écriture sainte très-propres à être mises entre les mains des enfants pour leur faire aimer la lecture: telle est l'histoire de Joseph et de ses frères; celle de David et de Goliath, de David et de Jonathas, etc., et d'autres choses qu'on de-

vrait leur faire lire pour leur instruction, comme est, par exemple, cette
maxime de Jésus-Christ (1) : *Agissez envers les hommes comme vous voudriez
qu'ils agissent envers vous;* et tels autres
préceptes de morale, clairs et faciles à
comprendre, qui, étant choisis à propos, peuvent être souvent employés
tant pour l'instruction des enfants que
pour les exercer à la lecture; car par-là
ces préceptes venant à se fixer entièrement dans leur mémoire, l'on pourra
dans la suite, à mesure qu'un enfant est
assez judicieux pour les bien comprendre, les lui inculquer dans des occasions
convenables, comme les règles constantes et sacrées de sa vie et de ses actions. Mais que des enfants lisent toute
l'Écriture indifféremment, c'est, je crois,
ce qui n'est propre qu'à les embarrasser, jusqu'à ce qu'ayant été instruits de
ce qu'elle renferme de plus essentiel, ils
aient en quelque sorte une idée générale des choses qu'ils doivent principa-

---

(1) Matth. VII, 12.

lement croire et pratiquer; quoiqu'au reste il soit, je pense, absolument nécessaire qu'ils reçoivent ces choses dans les mêmes termes qu'elles sont exprimées dans l'Écriture sainte, et non de la manière que des hommes, entêtés de certains systêmes et analogies de foi, prétendent les exprimer, jusqu'à vouloir forcer les autres à se servir de leurs expressions. Pour éviter cet inconvénient, le docteur Worthington a fait (1)

---

(1) Nous n'avons point d'ouvrage de cette espèce en français. Mais, pour dire ceci en passant, il me semble qu'un théologien peut fort bien composer un tel catéchisme où il fera entrer tous les dogmes de son parti, soit qu'ils soient fondés ou non sur des passages formels de l'Écriture sainte. Les réponses ont beau être tirées de l'Écriture, la question à quoi on les fait servir en déterminera toujours le sens, selon l'intention de celui qui propose la question, sur-tout puisqu'il prend la liberté de n'insérer dans la réponse qu'autant de paroles de l'Écriture qu'il trouve à propos. Ainsi je doute que de tels catéchismes puissent remédier absolument à l'inconvénient dont parle M. Locke, à moins qu'on n'y fasse entrer que des articles de foi non controversés, que tous les chrétiens expliquent de la

un catéchisme dont toutes les réponses sont composées des propres termes de l'Écriture. C'est une chose bien digne d'être imitée; car enfin un tel catéchisme est composé de paroles si solides, qu'aucun chrétien ne peut nier qu'il ne soit bon que son enfant commence à l'apprendre dès qu'il sait par cœur l'oraison dominicale, le symbole des Apôtres et les dix commandements de Dieu. On peut lui en faire apprendre une question chaque jour, ou chaque semaine, selon qu'il a la conception vive et la mémoire heureuse. Après qu'il aura bien appris ce catéchisme, de sorte qu'il puisse répondre promptement et nettement à toutes les questions qui y sont contenues, on fera bien de lui inculquer les préceptes de morale répandus dans la Bible comme ce qui mérite le plus d'exercer sa mémoire, et qui peut lui tenir

---

même manière: et peut-être l'a-t-il entendu ainsi; car, au fond, des enfants ne sont guère capables, si je ne me trompe, de comprendre autre chose dans la religion que ces sortes d'articles.

lieu d'une règle générale dont il pourra se servir durant tout le cours de sa vie.

§ CLXIII.

Comment il faut apprendre à écrire aux enfants.

Lorsqu'un enfant sait bien lire, il est temps de lui apprendre à écrire; et pour cet effet, on devrait lui enseigner, avant toutes choses, à bien tenir la plume, et il faudrait même qu'il le sût faire parfaitement avant que de lui permettre de tracer aucun caractère sur le papier: car non-seulement les enfants, mais toutes les personnes qui veulent bien faire une chose, ne devraient jamais se trop hâter de la faire d'un seul coup, ni entreprendre de se perfectionner en même temps dans les deux parties d'une chose, s'il est possible de les apprendre séparément. Lorsqu'un enfant a appris à bien tenir la plume, c'est-à-dire, comme je crois, entre le pouce et le doigt d'après (1) seulement; mais sur ce

____

(1) M. Locke s'est avisé fort heureusement de

point, vous ferez bien de consulter quelque habile maître à écrire, ou une autre
personne qui écrive bien et vîte ; lors,
dis-je, qu'un enfant sait bien tenir sa
plume, il faudrait lui apprendre à bien
dresser son papier, et comment il doit
placer son bras et tout le reste du corps,
par rapport à la situation du papier.
Quand il est stylé à tout cela, le moyen
de lui apprendre à écrire sans beaucoup
de peine, c'est d'avoir une planche où
soient gravées les lettres du caractère que
vous aimez le mieux ; mais souvenez-
vous de faire faire la lettre un peu plus
grosse que celle dont il doit écrire ordinairement, car naturellement on s'accoutume peu-à-peu à écrire d'un caractère plus menu que celui qu'on avait

---

nous envoyer un habile maître à écrire. J'en ai
consulté quelques-uns, et ils m'ont tous répondu
qu'ils enseignaient à tenir la plume non entre le
pouce et le doigt d'après seulement, mais entre
le pouce et les deux doigts d'après. J'ai pourtant
vu des gens qui, quoiqu'accoutumés à cette dernière méthode, ont trouvé que celle que prescrit
M. Locke était plus hardie et plus libre.

d'abord appris à former, et jamais d'un plus gros caractère. Cette planche étant gravée, comme je viens de dire, il en faut tirer, avec de l'encre rouge, plusieurs exemplaires sur des feuilles de bon papier à écrire, de sorte que l'enfant n'ait aucune chose à faire que de passer sur ces lettres rouges une plume bien taillée, trempée dans de l'encre noire. Par ce moyen, sa main sera bientôt accoutumée à former ces lettres, si d'abord on lui montre par où il doit commencer, et comment il doit former chaque lettre ; et quand il saura bien faire cela, il faut qu'il commence à écrire sur du beau papier. Voilà comment vous pouvez le dresser sans peine à écrire en tel caractère que vous voudrez.

§ CLXIV.

Un enfant de bonne maison doit apprendre un peu à peindre.

Lorsqu'un enfant écrit bien et vîte, je crois qu'il serait à propos, non-seulement qu'il continuât de s'exercer à écrire,

mais qu'il s'appliquât aussi à la peinture, qui, en plusieurs occasions, est
d'une grande utilité à un gentilhomme,
et sur-tout s'il voyage; car, par le moyen
de la peinture, on peut souvent représenter, en peu de traits assemblés avec
art, ce qu'on ne saurait exprimer et
rendre intelligible par un assez long
discours. Combien un voyageur ne voit-
il pas de bâtiments, de machines et d'habits particuliers, dont il peut facilement
conserver et faire connaître aux autres
la figure, s'il a quelque adresse à peindre! Au lieu qu'en se contentant de représenter ces choses par de simples paroles, il est à craindre qu'on n'en perde
l'idée, ou du moins qu'on n'en conserve
que des images fort imparfaites, par les
plus exactes descriptions qu'on en pourra
faire. Mon dessein n'est pourtant pas de
vous persuader de faire de votre fils un
peintre parfait; car, pour parvenir à une
connaissance fort médiocre de cet art,
il faut consumer beaucoup plus de temps
qu'il n'en reste à un jeune homme de
bonne maison, après qu'il s'est appli-

qué à ses autres occupations plus importantes. Mais je crois qu'en peu de
temps il pourra savoir autant de per-
spective et de peinture qu'il lui en faut
pour représenter passablement sur le
papier tout ce qu'il voit, excepté les
visages, sur-tout s'il a du génie pour
ces choses; car, pour le dire en passant,
lorsque le génie manque à un enfant,
à moins qu'il ne s'agisse de certaines
choses desquelles il est absolument nécessaire qu'il soit instruit, il vaut mieux
le laisser passer doucement par-dessus
une chose, que de le chagriner inutilement pour l'obliger à la faire. C'est pourquoi en ceci comme en tout ce qui n'est
pas d'une absolue nécessité, il faut s'en
tenir inviolablement à la règle qui ordonne de *ne rien faire en dépit de son
génie* (1), *nihil invitâ Minervâ.*

____

(1) Horat. *de Arte Poet.*

§ CLXV.

De l'art d'écrire par abréviations.

Il y a un art d'écrire par abréviations qui, à ce que j'ai ouï dire (1), n'est connu qu'en Angleterre; et peut-être jugera-t-on qu'il mérite d'être appris, tant pour écrire promptement ce qu'on ne voudrait pas oublier, que pour cacher ce qu'on ne souhaiterait pas que tout le monde vît; car, lorsqu'on a une fois appris cette espèce de chiffre, on

---

(1) C'est donc qu'on l'a laissé perdre; car cet art était connu aux Romains, et Plutarque nous apprend dans la vie de Caton d'Utique, qu'on en attribuait l'invention à Cicéron, qui sous son consulat voulant recueillir des discours qu'on devait faire dans le sénat, plaça des clercs en divers endroits du sénat, après leur avoir enseigné « à « faire certaines notes et abréviations qui en peu de « traits valaient et représentaient beaucoup de let- « tres. » (Je me sers de la traduction d'Amyot). Σημεῖα ἐν μικροῖς καὶ βραχέσι τύποις πολλῶν γραμμάτων δύναμιν ἔχοντα. C'est ce que Cicéron appelle lui-même διὰ σημείων *scribere*, écrire par abréviations, epist. XXXII *ad Atticum*, lib. XIII.

peut aisément le varier à sa fantaisie
par son usage particulier, et par des caractères plus abrégés le conformer aux
choses auxquelles on a dessein de le
faire servir. La méthode de M. Rich est
la mieux imaginée de toutes celles que
j'ai encore vues; cependant je crois que
qui entendrait la grammaire et en con-
sidérerait bien les règles, pourrait perfectionner beaucoup cette méthode, la
rendre plus facile et plus courte. Mais
vous ne devez pas vous hâter de faire
apprendre à votre enfant cet art d'écrire
par abréviations, il suffit de le lui enseigner dans quelque occasion favorable
qui se présente d'elle-même, après qu'il
sera tout-à-fait habitué à écrire couram-
ment, et d'un beau caractère; car des
jeunes gens n'ont guère besoin de ce
secret, et il ne faudrait pas qu'ils en
fissent usage avant que de pouvoir
écrire parfaitement bien, et qu'ils aient,
comme on dit, la main rompue à l'écriture.

§ CLXVI.

Le français est la première langue qu'on doit enseigner à un enfant qui sait parler sa langue maternelle.

Dès que votre enfant saura parler anglais, il est temps (1) qu'il apprenne quelque autre langue; et si je conseille de commencer par le français, je ne serai contredit de personne. La raison de cela, c'est qu'on est accoutumé à la véritable méthode d'enseigner cette langue aux enfants, qui est de les faire toujours parler français, en conversation, sans leur embarrasser l'esprit d'aucune règle de grammaire. On pourrait sans peine montrer le latin à un enfant de la même manière, si son gouverneur, se tenant toujours auprès de lui, ne lui parlait que latin, et l'obligeait à lui répondre dans la même langue. Mais, parce que le français est une langue vi-

----

(1) Si l'enfant est français, voyez dans la préface ce qu'il faut substituer à ce que dit ici M. Locke.

vante, dont on se sert sur-tout en parlant, votre enfant devrait l'apprendre avant toute autre, afin que les organes de la voix, qui, dans cet âge encore tendre, peuvent se mouvoir, se plier en tous sens, puissent être dressés à bien former les différents sons de cette langue; qu'ainsi votre enfant se fasse une habitude de bien prononcer le français, ce qui devient toujours plus difficile, plus il est différé.

§ CLXVII.

Il faut après cela lui enseigner le latin.

Lorsqu'il saura bien parler et bien lire en français (ce qui, dans la méthode que nous venons de marquer, s'apprend ordinairement en un ou deux ans), il devrait commencer d'apprendre le latin ; et, ici, je ne puis assez m'étonner que les pères, ayant vu les succès de la méthode qu'on emploie pour montrer le français aux enfants, il ne leur soit pas venu dans l'esprit qu'on leur devrait apprendre le latin de la même

manière, c'est-à-dire, en les faisant parler latin, et en leur donnant à lire des
livres latins. Il faudrait seulement prendre garde que, tandis qu'un enfant apprend ainsi des langues étrangères, en
les parlant toujours avec son gouverneur,
et en ne lisant devant lui que des livres
écrits en ces sortes de langues, il n'ou-
bliât pas à lire en anglais, inconvénient
que sa mère ou quelque autre personne
peut prévenir, en lui faisant lire chaque jour quelques endroits choisis de
l'Écriture-sainte, ou quelque autre livre
anglais.

§ CLXVIII.

Abus qu'on commet en voulant faire
apprendre le latin à toutes sortes
d'enfants.

Je regarde le latin comme absolument
nécessaire à un enfant de bonne maison; et la coutume, à qui rien ne peut
résister, en a si bien fait une partie de
l'éducation, qu'on le fait apprendre, à
force de coups, à des enfants qui, dès
qu'ils sont sortis du collége, n'en font

plus aucun usage pendant tout le reste
de leur vie, ces pauvres malheureux
employant ainsi avec beaucoup de désa-
grément une bonne partie de leur temps
le plus précieux, à une étude entièrement infructueuse. Mais, franchement,
cette conduite est tout-à-fait absurde :
car, n'est-ce pas une chose bien ridicule qu'un père dissipe son argent, et
consume les plus beaux jours de son
fils pour lui faire apprendre le langage
des anciens Romains, quoiqu'il le destine à une profession où, ne faisant
aucun usage du latin, il ne manque pas
d'oublier bientôt le peu qu'il a apporté
du collége, et cela d'autant plus aisément que de dix enfants à peine en
voit-on un qui n'ait de l'aversion pour
cette langue, à cause des mauvais traitements où elle les expose? Pourrait-on
le croire, si nous n'en voyions à tous moments des exemples parmi nous? pourrait-on, dis-je, se persuader qu'on for-
çât un enfant à apprendre les principes
d'une langue dont il n'aura jamais occasion de se servir dans le genre de vie

qu'on a résolu de lui faire embrasser,
et qu'on négligeât durant tout ce temps-
là de lui apprendre à bien écrire, et à
faire bien un compte, deux choses très-
utiles en toute sorte d'état, et absolument nécessaires à la plupart des pro-
fessions? Mais quoique ces choses, qui
sont d'un si grand usage dans les métiers, dans le négoce, et dans les affaires
de cette vie, ne s'apprennent que rarement ou jamais dans les écoles où l'on
enseigne le latin, cependant, non-seulement les personnes de qualité y en-
voient leurs plus jeunes enfants (1),
qu'ils destinent au négoce; mais les marchands eux-mêmes et les fermiers ne
manquent pas d'y envoyer les leurs,
quoiqu'ils n'aient ni le dessein ni les
moyens d'en faire des hommes de lettres.
Que si vous leur demandez pourquoi
ils font cela, cette question leur paraî-

---

(1) En Angleterre on peut négocier sans déroger;
de sorte qu'on y voit quelquefois le cadet d'une
famille noble devenir comte ou baron par la
mort de son aîné, après avoir donné plusieurs
années au négoce.

tra aussi étrange que si vous leur de-
mandiez, pourquoi ils vont à l'église.
La coutume tient lieu de raison : et elle
a si bien consacré cette méthode dans
l'esprit de ceux qui la croient raisonnable, qu'ils l'observent avec une espèce
de religion, comme si leurs enfants ne
pouvaient qu'à peine avoir une éducation orthodoxe, à moins qu'ils n'apprennent la grammaire de Lilius.

§ CLXIX.

Moyen facile d'apprendre le latin aux enfants.

Mais, que le latin soit nécessaire à
certains enfants, et qu'on le croie nécessaire à d'autres auxquels il n'est d'aucune utilité, il est certain que la méthode dont on se sert ordinairement
dans les écoles pour l'enseigner est
telle, qu'après l'avoir examinée, je ne
saurais me résoudre à en conseiller la
pratique. Les raisons qu'on peut appor-
ter contre cette méthode sont si claires
et si pressantes, que plusieurs personnes

de bon sens, en ayant été frappées,
ont effectivement abandonné la route
ordinaire ; ce qui ne leur a pas mal
réussi, quoique la méthode qu'ils ont
employée ne fût pas tout-à-fait la même
que celle qui me paraît la plus facile de
toutes, et qui, pour le dire en peu de
mots, consiste à enseigner le latin aux
enfants de la même manière qu'ils apprennent l'anglais, sans les embarrasser
de règles ni de grammaire : car, si vous
y prenez garde, lorsqu'un enfant vient
au monde, le latin ne lui est pas plus
étranger que l'anglais : et cependant il
apprend l'anglais sans maître, sans règles
et sans grammaire. Il apprendrait sans
doute le latin de la même manière,
comme fit Cicéron (1), s'il avait toujours

----

(1) C'est ainsi que Montaigne apprit le latin
comme il le raconte lui-même assez au long dans
ses *Essais* (liv. I, ch. V) et avec tel succès « qu'il
« avoit plus de six ans avant qu'il entendît non
« plus de françois ou de périgordin, que d'ara-
« besque ; et sans art, sans livre, sans grammaire
« ou précepte, sans fouet et sans larmes, j'avois
« appris du latin, ajoute-t-il, tout aussi pur que

auprès de lui une personne qui lui par-
lât cette langue. Et, après qu'on a vu si
souvent parmi nous qu'une femme française enseigne à une jeune fille à parler
et à lire parfaitement en français, dans
un ou deux ans, sans les secours d'aucune règle de grammaire, et sans faire
autre chose que lui parler cette langue,
je ne puis assez m'étonner que les gens
de qualité aient négligé de se servir de
cette méthode pour leurs garçons, comme
s'ils les croyaient d'un esprit plus pesant et plus borné que leurs filles.

§ CLXX.

Si donc vous pouvez trouver une personne qui sache bien parler latin, et
qui veuille se tenir toujours auprès de
votre fils, lui parler et le faire parler
réglément cette langue, ce serait là le

« mon maistre d'école le savoit, car je ne le
« pouvois avoir meslé ni altéré. — Environ l'âge
« de sept ou huit ans, dit-il dans le même chapitre,
« je me dérobois de tout autre plaisir pour lire
« des fables de la Métamorphose d'Ovide, d'autant
« que cette langue étoit la mienne maternelle. »

moyen le plus naturel et le plus aisé de
la lui enseigner; moyen d'autant plus
estimable, à mon sens, qu'outre qu'un
précepteur apprendra ainsi à votre enfant, sans le battre ou le quereller, une
langue pour laquelle on envoie les enfants dans une école où ils sont sujets
au fouet durant l'espace de six ou sept
ans, il pourra dans le même temps non-
seulement lui former les mœurs et le
jugement, mais encore l'instruire en plusieurs sciences, comme est une bonne
partie de la géographie, de l'astronomie, de la chronologie, de l'anatomie,
auxquelles on peut ajouter quelques
morceaux de l'histoire, et la connaissance de toutes les autres choses qui
tombent sous les sens, et qu'on peut apprendre sans presque d'autre secours
que celui de la mémoire. Et dans le
fond, à suivre la véritable route dans
nos études, c'est par-là que nous devrions commencer, ce sont là les choses
qui devraient servir de fondements à
toutes nos connaissances, et non pas
des notions abstraites de logique et de

métaphysique qui sont plus propres à amuser l'esprit qu'à le former, lorsqu'il commence à s'appliquer à la recherche de la vérité. Car, après que les jeunes gens se sont rempli la tête, pendant un certain temps, de ces sortes de spéculations abstraites, sans en retirer le fruit qu'ils en espéraient, ils sont portés à concevoir une chétive idée de la science; ou bien d'eux-mêmes ils sont tentés de renoncer à l'étude, et d'abandonner tous leurs livres, comme n'étant pleins que d'un vain fatras de paroles énigmatiques qui ne signifient rien : ou du moins de conclure que, s'il y a dans ces livres quelque chose de solide, ils n'ont pas assez d'esprit pour le comprendre. Qu'ainsi ne soit, je pourrais peut-être vous le confirmer par ma propre expérience. Entre les choses qu'un jeune homme doit apprendre selon la méthode que je viens de dire, pendant que d'autres enfants de son âge sont uniquement appliqués au latin et à ce qui ne concerne que le langage, je pourrais mettre la géométrie, car j'ai connu un jeune gentilhomme, élevé en partie de cette manière, qui, avant l'âge de treize ans, pouvait démontrer plusieurs propositions d'Euclide.

§ CLXXI.

Mais si vous ne pouvez point trouver de précepteur qui parle bien latin, et qui, étant capable d'enseigner à votre fils toutes les sciences, veuille le faire selon la méthode que je viens d'indiquer, celle qui en approche le plus est la meilleure qu'on puisse employer pour bien instruire votre fils, et voici à quoi elle se réduit. Prenez quelque livre aisé et agréable, comme vous diriez les *fables d'Ésope;* et après avoir écrit une ligne d'une de ces fables, traduites en anglais aussi littéralement qu'il est possible, avec les mots latins écrits dans une autre ligne, précisément sur les mots anglais auxquels ils répondent, faites-lui lire et relire ces deux lignes chaque jour, jusqu'à ce qu'il entende parfaitement bien les mots latins; faites-lui lire après cela une nouvelle fable selon la même méthode, jusqu'à ce qu'il l'entende aussi parfaitement bien , sans pourtant négliger ce qu'il a déja appris exactement, mais le lui faisant répéter quelquefois, afin qu'il ne l'oublie pas. Et lorsqu'il vient à écrire, donnez-lui ces fables à copier; par où non-seulement il exercera sa main, mais il avancera dans la connaissance de la langue latine. Comme cette méthode d'enseigner le latin à un enfant est plus imparfaite que celle qui consiste à le lui enseigner par l'usage, en lui parlant simplement cette langue , il est bon que d'abord votre enfant apprenne bien par cœur les conjugaisons des verbes, et ensuite les déclinaisons des noms et des pronoms, car cela pourra servir à lui faire connaître le génie et le tour de la langue latine, ou la signification des verbes et des noms variés, non pas comme (1) dans les langues modernes,

____

(1) M. Locke a jugé, sans y penser, des autres langues par la sienne. Il est vrai qu'en anglais différentes personnes des verbes n'ont en chaque

par des particules qui les précèdent, mais par le moyen de la différente terminaison des dernières syllabes. Votre enfant n'a pas besoin, à mon avis, d'apprendre autre chose de la grammaire latine, jusqu'à ce qu'il puisse lire de lui-même (1) la grammaire de Sanctius, avec les notes de Scioppius et de Perizonius.

Une autre chose qui, je pense, mé-

---

temps que peu de terminaisons différentes; mais il n'en est pas de même des langues française, italienne, espagnole, etc. ; car dans les verbes de ces langues les diverses personnes des temps sont presque toujours distinguées par des terminaisons différentes : en français, *j'ai*, *tu as*, *il a*, *nous avons*, *vous avez*, *ils ont*; en italien, *io amo*, *tu ami*, *egli ama*, *noi amiamo*, *voi amate*, *coloro amano*; et en espagnol, *hablo*, *hablas*, *habla*; *hablamos*, *hablais*, *hablan*. J'ai ouï dire que c'est la même chose en allemand.

La remarque de M. Locke est absolument véritable à l'égard des noms qui dans nos langues modernes n'ont pas leurs cas distingués par différentes terminaisons comme dans les langues grecque et latine.

(1) Intitulée *Francisci Sanctii Minerva*.

rite bien d'être observée lorsqu'on instruit des enfants, c'est que s'ils viennent
à être arrêtés par quelque difficulté, il
ne faut pas les embarrasser davantage
en exigeant qu'ils s'en tirent d'eux-
mêmes; en leur demandant, par exemple, quel est le nominatif de la phrase
qu'ils doivent construire, ou ce que
veut dire *aufero*, que leur en faire conclure ce que signifie *abstulere*, etc. , lorsqu'ils ne peuvent pas répondre promptement à ces sortes de questions. On ne
fait par-là que perdre du temps à les
distraire; car, lorsqu'ils ont l'esprit attentif à ce qu'ils font, on doit les tenir
en bonne humeur, et leur rendre les
choses aussi aisées et aussi agréables
qu'il est possible. C'est pourquoi, s'ils
sont arrêtés par quelque difficulté, et
qu'ils aient envie de passer outre, aidez-
les promptement à la surmonter sans
les mesurer ou les quereller, vous res-
souvenant qu'en cette occasion des manières rudes et sévères ne viennent que
d'orgueil, ou d'un esprit chagrin dans
le maître qui attend que de simples en-

fants comprennent d'abord les choses aussi bien que lui; au lieu de considérer qu'il est de son devoir de leur donner de bonnes habitudes, et non pas de leur inculquer des règles qui sont de peu d'usage pour la conduite de notre vie, ou du moins tout-à-fait inutiles à des enfants qui ne les ont pas plus tôt entendues qu'ils les oublient. J'avoue que, dans les sciences destinées à exercer leur raison, cette méthode peut être variée quelquefois, et qu'il est bon de leur proposer des difficultés de temps en temps, afin d'exciter leur attention, et d'accoutumer leur esprit à faire usage de ses propres forces et de sa sagacité en fait de raisonnement. Avec tout cela, je ne crois point qu'il soit nécessaire de mettre des enfants à cette épreuve, quand ils sont fort jeunes, ou qu'ils commencent d'apprendre telle science que ce soit; car alors tout est difficile par soi-même, et le grand art d'un maître consiste à leur rendre les choses aussi aisées qu'il peut. Du reste, on n'a jamais moins d'occasion de les embarrasser que lorsqu'on leur enseigne des langues. Car comme les langues s'apprennent par usage et par mémoire, on ne les parle parfaitement bien qu'après avoir entièrement oublié les règles de la grammaire. Je conviens pourtant que quelquefois la grammaire d'une langue doit être étudiée avec beaucoup de soin, mais c'est seulement par un homme fait qui veut entendre cette langue en critique, ce qui n'appartient qu'à un savant de profession. Car, pour un gentilhomme, s'il doit étudier quelque langue, tout le monde conviendra, je pense, que c'est celle de son pays qu'il doit étudier, afin de pouvoir entendre, avec la dernière exactitude, un langage dont il a incessamment besoin.

Voici encore une autre raison pour laquelle les maîtres, au lieu de faire de nouvelles difficultés à leurs écoliers, devraient leur applanir le chemin, et les aider au plus tôt à passer plus avant, dès qu'ils voient que quelque chose les arrête, et qu'ils ne sauraient marcher d'eux-mêmes. L'esprit des enfants est faible, et d'une capacité si bornée, que pour l'ordinaire ils ne peuvent recevoir qu'une seule pensée à la-fois. Tout ce qu'un enfant a dans la tête l'occupe alors tout entier, principalement si ce sont des pensées auxquelles il est entraîné par quelque passion. Ainsi, lorsqu'un maître fait leçon à ses écoliers, il devrait trouver moyen de leur fixer l'esprit aux choses qu'il leur enseigne, et les détourner adroitement de toute autre pensée, afin que ce qu'il veut leur mettre dans la tête puisse y entrer plus aisément et être reçu avec attention, sans quoi il échappe tout aussitôt. Le tempérament des enfants leur rend l'esprit distrait et volage. Ils ne sont arrêtés que par la nouveauté. Ils se passionnent d'abord pour tout ce qui se présente à eux pour la première fois, et en aussi peu de temps ils s'en dégoûtent. Une même chose ne leur plaît pas longtemps; de sorte que presque tout leur plaisir consiste dans le changement et dans la variété. La disposition contraire est directement opposée à l'état naturel de leur esprit qui voltige sans cesse de pensée en pensée. Soit que cela vienne du tempérament de leur cerveau, ou de la vivacité et de l'instabilité des esprits animaux, sur lesquels l'ame n'a pas encore acquis un empire absolu, il est visible que les enfants ont de la peine à tenir leur esprit attaché à quoi que ce soit. Une longue attention est une des plus rudes tâches qu'on puisse leur imposer; et par conséquent qui veut les engager à s'appliquer, devrait tâcher de leur rendre ce qu'il leur propose aussi agréable qu'il est possible, du moins il devrait prendre soin de ne l'accompagner d'aucune idée choquante, ou capable de leur inspirer de la frayeur. Si les enfants ne vont faire leçon avec une espèce de goût et de plaisir, ce n'est pas merveille qu'à tout moment leurs pensées s'éloignent de ce qui leur déplaît, pour chercher à se répandre sur des objets plus agréables, après lesquels ils courront infailliblement.

Je sais qu'ordinairement les précepteurs ont recours aux châtiments et aux

censures, pour engager leurs écoliers à
être attentifs, et pour fixer leur esprit
à ce qu'ils leur enseignent dès qu'ils les
surprennent dans la moindre distraction.
Mais cette méthode ne peut que produire
un effet tout contraire. Car des coups
ou des paroles passionnées, de la part
d'un précepteur, remplissent aussi-tôt
d'épouvante l'esprit de l'écolier, à tel
point qu'il n'est susceptible d'aucune
autre impression. Et il n'y a, je crois,
personne qui, en lisant ceci, ne puisse
se ressouvenir de l'effet qu'un tel traitement a produit en lui; comme, par
des paroles emportées ou impérieuses,
son père, sa mère ou son précepteur lui
ont troublé l'esprit à tel point, que durant un certain temps il ne savait presque ce qu'on lui disait ni ce qu'il disait
lui-même, perdant tout d'un coup l'idée
du sujet qui l'occupait alors, et devenant
tout-à-fait incapable de donner son attention à quelque autre chose.

A la vérité il faut que les parents et
les précepteurs inspirent aux enfants
qui sont sous leur direction une crainte

respectueuse, qui soit le fondement de l'autorité qu'ils doivent prendre sur eux : c'est par là qu'ils doivent les gouverner. Mais après avoir pris cet ascendant, ils devraient s'en servir avec beaucoup de modération, et ne pas se rendre si redoutables à ces faibles créatures qu'elles ne puissent les voir sans pâlir. Un gouvernement sévère sera peut-être moins pénible pour le maître, mais il sera de fort peu d'usage à l'écolier. Des enfants ne sauraient apprendre quoi que ce soit, tandis qu'ils sont troublés par quelque passion et sur-tout par la crainte, qui fait plus d'impression qu'aucune autre sur leurs esprits encore faibles et délicats. Ayez donc soin de leur maintenir l'esprit dans un doux calme, si vous voulez qu'ils profitent de vos instructions. Il est aussi impossible de graver des caractères réguliers dans une ame agitée de frayeur que de bien écrire sur un papier tremblant.

Le grand art d'un maître consiste à rendre l'esprit de son écolier attentif. Ce point une fois gagné, il est assuré d'avancer autant que la capacité de celui qu'il enseigne peut le permettre : et sans cela il a beau se tourmenter, toute sa peine ne produira que très-peu, ou point du tout de fruit. Pour en venir là, il devrait faire comprendre à son disciple (autant qu'il est possible) l'utilité de ce qu'il enseigne, et lui faire voir, par ce qu'il a déja appris, qu'il peut faire quelque chose qui lui donne un avantage réel sur ceux qui l'ignorent. Il faudrait, outre cela, qu'il accompagnât toutes ses instructions de beaucoup de douceur, et que par une certaine tendresse qui éclatât dans toute sa conduite, il lui fît sentir qu'il l'aime sincèrement, qu'il n'a autre chose en vue que son bien ; car c'est par là seulement que l'enfant de son côté concevra de l'amour pour son maître, et sera porté à écouter ses leçons et à goûter ce qu'il lui enseigne.

Le seul vice qui mérite un traitement sévère, c'est l'opiniâtreté. Pour les autres fautes il faudrait en corriger les enfants par la douceur : et sans doute rien n'est plus propre à faire impression sur un es-

prit bien intentionné que des paroles affables et encourageantes, qui même prévien-
dront en grande partie cette obstination
qu'un traitement rude et impérieux produit souvent sur des ames bien faites et
généreuses. Il est vrai que l'obstination
et la négligence volontaires doivent être
réprimées à quelque prix que ce soit,
même à force de coups, si l'on n'en
peut venir à bout autrement. Mais je
suis fort porté à croire que l'opiniâtreté
de l'écolier est souvent un effet de la
mauvaise humeur du maître, et que la
plupart des enfants auraient rarement
mérité d'être battus, si une sévérité
mal entendue ne les eût rendus méchants, et ne leur eût inspiré de l'aversion pour leur maître et pour tout ce
qui vient de sa part.

Les enfants sont naturellement im-
prudents, oublieux, inconstants et vo-
lages; c'est pourquoi, lorsqu'on ne remarque pas qu'ils tombent volontairement dans ces sortes de défauts, il faut
leur en parler avec douceur, et les engager peu-à-peu, et avec le temps, à

s'en corriger. Si chaque méprise de cette espèce, qu'ils viendront à commettre, leur attire des censures aigres et des reproches pleins d'emportements, ils seront si souvent exposés à cette bourrasque, que le maître deviendra un sujet continuel de terreur et d'inquiétude à ses disciples, ce qui seul suffit pour empêcher qu'ils ne profitent de ses leçons, et pour rompre toutes ses mesures.

Il est donc à propos que l'empire qu'il a pris sur eux soit si fort tempéré par des témoignages constants de tendresse et de bonne volonté, que l'affection qu'ils concevront pour lui les anime à faire leur devoir, et leur fasse trouver de la satisfaction à exécuter ses ordres. Par ce moyen ils approcheront de leur précepteur avec plaisir, ils l'écouteront comme un ami qui les chérit, et qui se donne de la peine pour leur bien ; et pendant tout le temps qu'ils seront avec lui, ils auront par cela même l'esprit libre et aisé, qui est l'unique disposition où leur ame est capable de recevoir de nouvelles instructions, de

goûter et de retenir ce qu'on lui propose, sans quoi tout ce qu'ils font avec
leur maître n'est que de la peine perdue,
qu'un travail frivole, qui produit bien
de l'inquiétude et très-peu de profit.

§ CLXXII.

Mais pour revenir à notre méthode
d'enseigner le latin après que votre enfant aura acquis une connaissance médiocre de cette langue en lisant du latin
entrelacé avec de l'anglais, comme nous
venons de l'expliquer, on peut commencer à lui mettre entre les mains
quelque autre livre latin d'un style aisé
comme *Justin* ou (1) *Eutrope*; et pour
faire qu'il le lise avec moins de dégoût,
et qu'il l'entende plus aisément, vous
pouvez l'aider, s'il le souhaite, par le
moyen d'une traduction anglaise; et ici
personne ne doit s'épouvanter de l'ob-

---

(1) Il faut sans doute commencer par Eutrope,
qui est beaucoup plus aisé que Justin, et pour le
style, et pour la matière.

jection qu'on pourrait faire, c'est que, suivant cette méthode, un enfant n'apprendra le latin que par routine, puisqu'à bien examiner cette objection, il paraît que bien loin d'être contraire à cette méthode, elle sert à en faire voir la solidité : car ce n'est que par routine qu'on doit apprendre les langues; et si un homme ne parle pas parfaitement latin, ou français, ou anglais, etc., par routine, en sorte qu'après avoir pensé à ce qu'il veut dire, il attrape aussi-tôt, sans le secours d'aucune règle de grammaire, les expressions propres et les tours particuliers de cette langue, on ne saurait dire d'un tel homme qu'il la parle bien, et qu'il y soit tout-à-fait habile ; et je voudrais bien que quelqu'un me nommât une langue qu'on pût apprendre ou parler comme il faut par de simples règles de grammaire. Les langues n'ont pas été faites par règle ou par art, mais par accident et par le commun usage du peuple. Ainsi qui les veut bien parler n'a point d'autre règle à suivre que l'usage; et rien ne peut lui servir dans cette rencontre que sa mémoire et une habitude de parler comme ceux qui sont en réputation de parler purement, ce qui, exprimé en d'autres termes, ne signifie autre chose que parler par routine.

§ CLXXIII.

De quel usage est la grammaire ; quand on devrait l'étudier.

Quoi! me dira-t-on peut-être ici, la grammaire n'est-elle donc de nul usage! Ceux qui ont fait tant d'observations sur les langues, qui ont pris tant de peine pour les réduire à certaines règles, qui ont tant écrit sur les déclinaisons et les conjugaisons, sur les concordances et la syntaxe, ont-ils perdu leur peine? Et a-t-on lu et appris leurs ouvrages inutilement? Je ne dis pas cela : la grammaire a aussi ses usages. Mais je crois être en droit de dire qu'on en fait une plus grande affaire qu'il n'est besoin et un sujet d'embarras pour ceux à qui l'étude de la grammaire n'appartient point du tout : j'entends les enfants de l'âge de ceux qu'on embarrasse communément de cette étude dans les écoles publiques.

Il est de la dernière évidence qu'il suffit pour les entretiens ordinaires et pour les affaires communes de la vie de n'apprendre les langues que par l'usage. On voit même que par ce seul moyen les dames, et tous ceux qui ont passé leur temps avec des gens polis et bien élevés, parviennent sans étude et sans aucune connaissance de la grammaire à parler la langue de leur pays avec beaucoup d'élégance et de politesse. Combien n'y a-t-il pas de dames qui, sans savoir ce que c'est que *temps*, *participe*, *adverbe et préposition*, s'expriment en termes aussi propres et d'une manière aussi correcte, je ne dirai pas qu'aucun maître d'école, car ce serait leur faire un fort mauvais compliment, mais que la plupart des gentilshommes qui ont étudié selon la méthode établie dans les colléges ! Vous voyez par-là qu'en certains cas on peut fort bien se passer de grammaire. La question est donc de savoir *à qui et quand elle doit être enseignée.* Sur quoi je remarquerai qu'en premier lieu il y a des personnes qui apprennent les langues pour le commerce de la vie, et pour s'entre-communiquer leurs pensées dans des entretiens ordinaires, sans prétendre en faire aucun autre usage. Dans ce dessein, la méthode originale d'apprendre les langues par la conversation, non seulement suffit, mais doit être préférée à toute autre, comme la plus prompte et la plus naturelle : on peut donc dire qu'à cet égard la grammaire n'est pas nécessaire. C'est de quoi seront forcés de convenir plusieurs de mes lecteurs qui entendent ce que je dis ici, et qui, conversant avec d'autres *Français* (1), les entendent fort

____

(1) J'ai été obligé de mettre ici à la place des Anglais dont parlait l'auteur, les Français dont on peut fort bien dire la même chose, quoiqu'en France on s'applique avec un soin tout particulier à polir et à enrichir la langue, ce qui est assez négligé en Angleterre, s'il en faut croire M. Locke, qui le dit expressément dans la suite.

bien sans avoir jamais appris la grammaire française; et c'est, je crois, le cas où se trouve sans comparaison la plus grande partie des hommes dans les différentes parties du monde, parmi lesquels je ne sais s'il y en a un seul qui ait appris sa langue maternelle par règles.

Il y a d'autres personnes qui font la plupart de leurs affaires dans ce monde par le secours de leur langue et de leur plume; et à de telles gens il est convenable, pour ne pas dire nécessaire, de parler proprement et correctement, afin de faire entrer leurs pensées dans l'esprit des autres hommes avec plus de facilité, et de telle sorte qu'elles y fassent plus d'impression; et à cet égard on ne juge pas qu'il soit indifférent, de quelque manière qu'un gentilhomme s'exprime, pourvu qu'il se fasse entendre. Il faut donc qu'entre autres moyens propres à le perfectionner dans l'art de parler, il étudie la grammaire; mais ce doit être celle de sa propre langue, dont il se sert constamment, afin qu'il puisse

entendre toutes les finesses de la langue
de son pays, et la parler exactement,
sans blesser les oreilles de ceux avec
qui il s'entretient, par des solécismes et
des irrégularités choquantes. C'est, dis-
je, dans cette vue que la grammaire est
nécessaire aux hommes, mais c'est seulement celle de leur langue maternelle,
et qui même n'est nécessaire qu'à ceux
qui veulent prendre la peine de cultiver leur langue, et de perfectionner
leur style. Je laisse à juger si ce n'est
point là ce que tout gentilhomme devrait faire, puisqu'on regarde comme
une chose fort malséante à une personne de ce rang de ne pouvoir parler
correctement et en termes propres, et
que pour l'ordinaire un gentilhomme
sujet à ce défaut passe dans le monde
pour avoir été mal élevé, et avoir *fré-
quenté* des compagnies fort au-dessous
de sa condition. Si cela est ainsi, comme
je le suppose, il y a lieu de s'étonner
qu'en *Angleterre* on force ces jeunes
gens de bonne maison à apprendre la
grammaire des langues mortes, et qu'on

ne leur parle jamais de la grammaire de leur langue maternelle. Ils sont si éloignés d'en apprendre les règles, qu'ils ne savent pas même qu'il y ait une grammaire anglaise. On ne leur dit jamais que leur langue mérite qu'ils s'appliquent à la cultiver, quoiqu'ils en aient besoin tous les jours, et que l'on juge d'eux en bien ou en mal dans la suite de leur vie, par la manière dont ils la parlent poliment ou grossièrement. Cependant on leur fait employer bien du temps à étudier la grammaire de certaines langues dont apparemment ils n'auront jamais occasion de se servir ni pour parler, ni pour écrire ; ou s'ils s'y trouvent obligés par accident, on leur pardonnera aisément les fautes qu'ils pourront commettre. Un *Chinois* qui serait informé de cette méthode, s'imaginerait sans doute que tous nos jeunes gentilshommes sont destinés à être professeurs en langues mortes ou en langues étrangères, et non à ménager des affaires publiques et particulières dans leur propre langue.

Il y a une troisième sorte d'hommes qui s'appliquent à deux ou trois langues mortes, et auxquelles on donne communément le titre de *langues savantes*, qui en font leur étude, et se piquent d'en avoir une grande connaissance. Sans doute tous ceux qui se proposent d'apprendre quelque langue dans cette vue, et qui veulent en pénétrer toutes les délicatesses en vrais critiques, doivent étudier exactement la grammaire de cette langue. Je serais fâché qu'on prît ici mes paroles à contre-sens, comme si je prétendais mépriser le grec et le latin. Je conviens que ces langues sont excellentes et d'un grand usage, et qu'en *Europe* un homme qui les ignore ne peut être mis au rang des savants; mais toute la connaissance qu'un gentilhomme prétend ordinairement recueillir pour son usage des livres grecs et latins, je m'imagine qu'il peut l'acquérir sans une étude grammaticale de ces langues; de sorte que la simple lecture de ces livres suffira à les lui faire entendre autant qu'il en a besoin. Il pourra ensuite déterminer lui - même combien il lui importe d'apprendre plus particulièrement la grammaire et les délicatesses de l'une de ces langues, s'il vient à s'engager dans la recherche de quelque matière qui exige cette connaissance plus exacte; et c'est ce qui me conduit à la seconde partie de notre question, qui est *en quel temps on devrait enseigner la grammaire*, à quoi il est aisé de satisfaire, en disant sur les fondements déja posés, que si la grammaire d'une langue doit être enseignée, ce doit être une personne qui sache déja parler cette langue, car autrement je ne vois pas qu'il puisse l'apprendre. Cela paraît du moins évident par la pratique des anciens peuples qui ont été les plus sages et les plus savants, puisque chez eux une partie de l'éducation consistait à cultiver leur propre langue, et non pas des langues étrangères. Les *Grecs* traitaient de barbares toutes les autres nations du monde, et méprisaient leurs langues; et quoique le savoir des *Grecs* ait été en crédit chez les *Romains* vers

les derniers temps de leur république,
c'était pourtant à l'étude de la langue
latine que s'appliquait la jeunesse ro-
maine. Comme ils devaient faire usage
de leur langue maternelle, c'est dans
cette langue qu'on avait soin de les instruire et de les exercer.

Mais pour déterminer d'une manière
plus précise le vrai temps d'apprendre
la grammaire, je ne vois pas par quelle
bonne raison elle devrait faire l'étude
de qui que ce soit, si ce n'est en qualité d'introduction à la rhétorique. Lorsqu'on trouve à propos de disposer
quelqu'un à prendre la peine de polir
son langage, et de parler mieux que le
peuple et les gens sans lettres, c'est
alors qu'il faut lui apprendre les règles
de la grammaire, et non pas auparavant;
car puisque la grammaire doit enseigner
aux hommes non à parler, mais à parler
correctement et selon les règles de la
langue, en quoi consiste une partie de
l'éloquence, la première de ces choses
n'est pas d'un grand usage à qui n'a pas
besoin de l'autre, je veux dire qu'où la

rhétorique n'est pas nécessaire, on peut fort bien se passer de la *grammaire*. Je ne saurais voir pourquoi celui qui n'a pas dessein d'être critique dans la langue latine, ou de faire des discours et d'écrire des lettres en latin, perdrait du temps et se tourmenterait à étudier la grammaire latine. Si quelqu'un se trouve engagé, ou par nécessité, ou par inclination, à étudier à fond une langue étrangère, et à en apprendre exactement toutes les délicatesses, ce sera assez temps pour lui d'en parcourir alors la grammaire. Mais si tout l'usage qu'il prétend en faire se réduit à entendre quelques livres écrits en cette langue, sans vouloir acquérir une connaissance critique de la langue même, la simple lecture de ces livres suffira pour cela, comme j'ai déjà dit, sans qu'il ait besoin de se charger l'esprit de je ne sais combien de règles et de recherches épineuses de grammaire.

§ CLXXIV.

En montrant aux enfants la langue latine, il faut leur apprendre les choses.

Supposant donc que votre enfant commence à étudier selon la méthode que je viens de proposer, je pense que pour l'exercer à l'écriture, il est bon qu'il traduise quelquefois du latin (1) en anglais. Mais comme l'étude du latin n'est qu'une étude de mot, occupation peu agréable, et à un jeune homme, et à un homme fait, joignez-y autant de connaissances réelles que vous pourrez, en commençant toujours par les choses qui tombent le plus sous les sens, comme est la connaissance des minéraux, des plantes et des animaux, et particulièrement les arbres fruitiers, de leurs différentes espèces, et de la manière de les provigner. Ce sont des choses dont un enfant peut apprendre une bonne par-

---

(1) Ou en français, s'il est *Français*.

tie , et qui ne lui seront pas inutiles quand il sera homme fait : il faut surtout lui enseigner la géographie, l'astronomie et l'anatomie. Mais quoi que ce soit que vous lui appreniez , ayez toujours soin de ne pas l'embarrasser de trop de choses à la fois; de ne lui faire une affaire que de ce qui touche directement la vertu, ou de ne le censurer de rien que de ce qui est un véritable vice, ou qui semble tendre à quelque chose de vicieux.

§ CLXXV.

Mais si , après tout cela, il est destiné à aller à une école publique pour y apprendre le latin, c'est en vain que je vous parlerais de la méthode qu'il me semble qu'on devrait observer dans les écoles ordinaires, car vous devez vous soumettre à l'ordre que vous y trouvez établi, et ne pas vous imaginer qu'on les changera en faveur de votre fils. Cependant tâchez d'obtenir, si vous pouvez, qu'on ne lui fasse point faire de discours en latin , ou du moins en vers de quelque sorte qu'ils soient. Pour gagner ce point, déclarez expressément que vous n'avez pas dessein de faire de votre fils un orateur ou un poëte latin; que vous souhaitez simplement qu'il puisse bien entendre les auteurs latins; et que vous remarquez que ceux qui enseignent quelque langue moderne, n'occupent jamais leurs écoliers à faire des discours ou des vers en français ou en italien, leur unique affaire étant de leur montrer la langue, et non de leur rendre l'esprit inventif.

§ CLXXVI.

Mauvaise coutume établie dans les écoles, de faire composer aux enfants des discours en latin.

Mais avant que de passer outre, je vais vous dire un peu plus distinctement pourquoi je ne voudrais pas qu'on fît faire à votre enfant des discours et des vers latins : et premièrement, pour ce qui est des discours, je sais que la coutume qu'on a dans les écoles d'en

aire composer aux enfants, est fondée
ur le prétexte de leur procurer quel-
ue utilité, c'est-à-dire de leur apprendre
à parler poliment et exactement sur
toute sorte de sujets ; ce qui serait, je
l'avoue, fort considérable, si on pouvait y venir par ce moyen-là, car rien
ne sied mieux à un homme de bonne
maison, ni n'est plus utile dans tout le
cours de la vie, que de savoir parler bien
et à propos dans l'occasion. Mais je soutiens que les discours qu'on a accoutumé
de faire faire aux enfants dans les écoles,
ne servent point du tout à cela. Vous
n'avez, pour en être convaincu, qu'à
considérer à quoi est obligé un jeune
enfant dans ce cas-là ; c'est à composer
un discours sur quelque sentence latine,
comme celle-ci : *omnia vincit amor* (1),
ou cette autre : *non licet in bello bis
peccare*, etc. (2). Le pauvre enfant qui
n'a aucune connaissance des choses dont

______

(1) C'est-à-dire : « l'amour vient à bout de tout. »

(2) « Dans la guerre il n'est pas permis de commettre deux fois la même faute. »

il doit parler (ce qui ne s'acquiert qu'avec le temps, et à force de réflexions), est obligé de mettre son esprit à la torture pour trouver quelque chose à dire sur un sujet qui lui est entièrement inconnu, en quoi les maîtres traitent les enfants d'une manière à-peu-près aussi tyrannique que *Pharaon* traita les *Israélites*, en leur ordonnant, pour ainsi dire, de faire des briques avant que d'avoir des matériaux : aussi arrive-t-il ordinairement dans ces sortes de rencontres, que ces pauvres enfants ont recours à d'autres écoliers plus habiles qu'eux, avec ces mots à la bouche, *faites-moi, je vous prie, quelque chose qui ait du sens sur telle ou telle matière*; expédient qui n'est peut-être pas moins raisonnable que ridicule, car il n'est pas facile de se déterminer sur cette plaisante question. Avant qu'un homme soit capable de traiter un sujet, il faut nécessairement que ce sujet lui soit connu, ou du moins c'est une aussi grande folie de l'obliger à en parler, que d'obliger un aveugle à parler des couleurs, ou un sourd de mu-

sique ; et si quelqu'un s'avisait de solli-
citer une personne qui n'aurait aucune
connaissance de nos lois , à disputer
contre quelque thèse de droit , ne diriez-
vous pas qu'il aurait l'esprit un peu dé-
réglé? Or, qu'est-ce, je vous prie, que
les écoliers comprennent dans les matières qu'on leur propose ordinairement
à traiter, dans le dessein d'exciter et
d'exercer leur imagination?

§ CLXXVII.

Considérez ensuite quelle est la langue
dont les enfants se servent pour composer ces sortes de discours; c'est la langue
latine, c'est-à-dire une langue étrangère
dans leur pays, et qui depuis long-temps
n'est plus en usage en aucun endroit du
monde; une langue en laquelle votre
enfant n'aura de sa vie occasion de faire
un discours après être devenu homme
fait; car, pour un homme qui est obligé
à cela, il y en a mille qui ne se trouvent
jamais dans cette nécessité; une langue
enfin dont les expressions sont si différentes de celles de notre langue, qu'une

personne qui en connaîtrait toutes les
finesses, n'aurait guère plus de disposition à parler anglais plus purement et
plus facilement. Dailleurs, selon la coutume d'*Angleterre*, nous avons si peu
d'occasions de faire des discours dans
notre propre langue, quelque affaire que
nous ayons entre les mains, que je ne
vois pas quel prétexte on peut avoir dans
nos écoles d'appliquer les enfants à cette
espèce d'exercice, à moins qu'on ne suppose qu'en composant des discours latins,
ils apprendront à bien parler anglais sur
le champ. Pour moi, je croirais plutôt
que le véritable moyen de dresser à cela
de jeunes gentilshommes, lorsqu'ils sont
dans un âge capable d'un tel exercice,
serait de leur proposer quelque question raisonnable et utile, sur laquelle
on les fît parler sur le champ ou après
y avoir un peu songé, sans écrire quoi
que ce soit; et pour voir les effets de
cette méthode, considérons, je vous
prie, qui sont ceux qui dans les occasions parlent le mieux sur quelque affaire

contestée, ou ceux qui (1) ont accoutumé de composer et d'écrire par avance ce qu'ils doivent dire, ou bien ceux qui n'ayant leur esprit appliqué qu'à la chose, afin de la bien comprendre autant qu'ils en sont capables, se font une habitude de parler sur le champ? Je m'assure qu'à en juger par-là, on ne sera pas fort porté à croire que le véritable moyen de rendre un jeune gentilhomme propre aux affaires de la vie, soit de l'accoutumer à étudier et à composer des discours sur différents sujets.

§ CLXXVIII.

Mais vous me direz peut-être qu'on ne fait composer des discours aux enfants, qu'afin qu'ils apprennent mieux le latin. A la vérité, c'est à quoi on doit

---

(1) Ou les évêques, par exemple, dans la chambre haute, ou les ducs, les comtes, les barons, etc., qui font souvent dans cette chambre des discours plus éloquents et plus suivis que les évêques, tout accoutumés qu'ils sont à composer et à écrire des sermons qu'ils récitent en chaire devant de nombreuses assemblées.

proprement s'attacher dans les écoles; mais ces sortes de compositions ne servent nullement à cela. Elles occupent entièrement l'esprit des enfants à inventer ce qu'ils pourront dire, et non à distinguer la signification des mots qu'ils doivent apprendre; de sorte que lorsqu'ils font ces discours, ils ne songent qu'à chercher des pensées sans se mettre en peine du langage. Mais puisque l'étude des langues est assez désagréable et assez ennuyeuse d'elle-même, on ne devrait pas l'embarrasser de nouvelles difficultés comme on fait par cette méthode. Enfin, si ces compositions sont propres à échauffer l'imagination des enfants, qu'on leur en fasse faire *en anglais*, s'ils sont anglais; *en Français*, s'ils sont français, etc., où ils ont les mots et les expressions à commandement, et où ils discerneront beaucoup mieux leurs pensées, en les exprimant dans leur langue maternelle; et, si l'on veut leur apprendre le latin, qu'on le fasse de la manière la plus aisée, sans les fatiguer et les dégoûter par une oc-

eupation aussi désagréable que celle de
composer des discours en cette langue.

§ CLXXIX.

Mauvaise coutume établie dans les éco-
les, de faire faire des vers latins aux
enfants.

Si cela peut servir à montrer combien est déraisonnable la coutume établie dans les écoles, de faire faire aux
enfants des discours latins, j'ai bien plus
de choses à dire, et des choses beaucoup plus importantes, contre la méthode qu'on y pratique, de les obliger
à faire des vers latins, de quelque sorte
qu'ils soient ; car si un enfant n'a point
de génie pour la poésie, rien n'est plus
déraisonnable que de le tourmenter et
lui faire perdre son temps, en lui faisant
faire une chose où il ne peut jamais réus-
sir (1) ; et s'il a naturellement de la dis-

----

(1) C'est que l'art et la nature doivent s'entr'aider mutuellement dans la poésie, et qu'ils ne sauraient faire rien de bon l'un sans l'autre comme

position à faire des vers, c'est, à mon sens, quelque chose de fort étrange qu'un père souhaite ou permette que son fils cultive et perfectionne ce talent. Il me semble, au contraire, que les parents devraient tâcher d'*éteindre* dans les enfants *cette ardeur de rimer*, autant qu'il serait en leur pouvoir; et je ne saurais comprendre par quelle raison un père peut desirer que son fils devienne poëte, à moins qu'il n'ait envie de le voir renoncer à toute autre occupation. Mais ce n'est pas là le plus grand inconvénient ; car s'il devient habile poëte, et qu'il acquière la réputation de bel-esprit, il y a toutes les apparences du monde qu'il fréquentera des compagnies et des lieux où , perdant son temps, il dissipera aussi son bien. On trouve rarement des mines d'or ou d'argent sur

---

nous l'assure Horace, juge compétent dans cette affaire :

> Naturâ fieret laudabile carmen , an arte
> Quæsitum est. Ego nec studium sine divite vena
> Nec rude quid prosit video ingenium.
> > *De Arte poetica* , v. 408 et seq.

le *Parnasse*. L'air de cette montagne est agréable, mais le terroir en est infertile, et l'on n'a guère vu de gens qui aient augmenté (1) leur patrimoine par les fruits qu'ils en ont recueillis. La poésie et la musique, qui vont ordinairement de compagnie, se ressemblent en ce point, que rarement elles procurent de l'avantage à d'autres qu'à ceux qui n'ont pour vivre que le revenu qu'ils en retirent. Pour les personnes riches de leur fonds, qui s'y amusent, elles y perdent presque toujours, et c'est beaucoup s'il leur en coûte moins que tout leur bien ou la plus grande partie. Si donc vous voulez empêcher que votre fils ne soit toujours dans des compagnies de plaisir, à divertir une troupe de jeunes gens de sa volée, qui ne sauraient goûter leur vin, ou passer l'après-midi

––––––––––

(1) C'est ce que Boileau a reconnu et exprimé noblement par ces vers :

Si l'or seul a pour vous d'invincibles appas,
Fuyez ces lieux charmants qu'arrose le Permesse :
Ce n'est point sur ses bords qu'habite la richesse.

Art poétique, ch. IV, v. 174 et suiv.

dans la débauche sans lui; si, dis-je, vous ne voulez pas qu'il perde son temps et son bien à divertir les autres, négligeant le soin du patrimoine que ses ancêtres lui auront laissé, je ne crois pas que vous ayez grande envie qu'il devienne poëte, ou que son maître d'école l'engage à faire des vers. Mais si, malgré tout cela, quelqu'un s'avise de regarder la poésie comme une étude dans laquelle il souhaite que son fils se perfectionne, parce qu'elle est propre à lui élever l'esprit et lui remplir l'imagination de belles idées, il faut du moins qu'il tombe d'accord que dans cette vue son fils fera beaucoup mieux de lire les bons poëtes grecs et latins, que de faire de méchants vers de lui-même dans une langue qui ne lui est pas naturelle; et je ne saurais croire qu'un homme qui veut exceller dans la poésie anglaise puisse se figurer que, pour en venir-là, il doit commencer par faire des vers latins.

§ CLXXX.

Autre mauvaise coutume qu'on a dans les écoles d'obliger les enfants à apprendre par cœur les auteurs qu'on leur fait lire.

Il y a une autre chose qu'on pratique communément dans les écoles, mais qui, je pense, ne peut servir qu'à amuser inutilement les enfants qui apprennent des langues, quoiqu'on doive, ce me semble, leur rendre cette étude aussi aisée et aussi agréable qu'il est possible, en les déchargeant autant qu'on peut de tout ce qu'elle a de pénible et d'embarrassant. Je veux parler de la coutume qu'on a dans les écoles d'obliger les enfants à apprendre par cœur une bonne partie des auteurs qu'on leur fait lire; en quoi je ne vois aucun avantage pour eux, et sur-tout par rapport à l'étude qui les occupe actuellement. On n'apprend les langues qu'en lisant ou en parlant, et non pas en se remplissant la mémoire de passages d'auteurs. Un

homme qui à la tête ainsi pleine de pensées d'autrui, n'acquiert par ce moyen
qu'une disposition à la pédanterie, et
c'est justement par-là qu'on peut faire
un vrai pédant, l'une des qualités qui
seyent le plus mal à un gentilhomme;
et dans le fond qu'y a-t-il de plus ridicule que de coudre à de chétives pensées sorties de notre cerveau, quelques
belles et riches sentences d'un bon auteur? Ces pensées éclatantes enchâssées
de cette manière ne sont propres qu'à
faire paraître davantage la pauvreté de
nos productions. Elles n'ont pas plus
de grace, et ne font pas plus d'honneur
à celui qui s'en sert, qu'un habit brun
tout usé qu'on prétendrait parer en y at-
tachant de grands morceaux d'écarlate.
A la vérité lorsqu'on trouve un passage
qui renferme un beau sens, et qui est
exprimé d'une manière noble et concise,
comme il y en a plusieurs de cette sorte
dans les anciens auteurs, il n'est pas
mal de le faire apprendre par cœur à
de jeunes écoliers, et de se servir des
beaux endroits de ces grands maîtres

pour leur exercer la mémoire de temps
en temps; mais de leur faire apprendre
par cœur leur leçon sans distinction ni
choix, selon qu'elle se rencontre dans
les livres qu'on leur donne à lire, je ne
vois pas que cela serve à autre chose
qu'à leur faire employer du temps et de
la peine mal-à-propos, et à leur inspirer
du dégoût et de l'aversion pour leurs
livres, où ils ne rencontrent qu'un embarras inutile.

§ CLXXXI.

Si à force d'apprendre par cœur on peut se perfectionner la mémoire.

Je sais ce qu'on dit communément
qu'il faut obliger les enfants à apprendre quelque chose par cœur, afin d'exercer et de perfectionner leur mémoire.
Mais je voudrais bien que cela fût aussi
bien établi sur la raison qu'il est avancé
avec confiance, et que cette pratique se
trouvât plutôt fondée sur de bonnes
observations que sur une ancienne coutume; car il est évident que la force de

la mémoire vient d'une heureuse constitution, et non pas d'une habitude acquise et perfectionnée par l'exercice. Il est vrai que l'esprit retient les choses auxquelles il s'est fortement appliqué, et dont il se renouvelle souvent l'idée à lui-même par de fréquentes réflexions, de peur qu'elles ne lui échappent, mais c'est toujours à proportion de la force naturelle de sa mémoire. Ce qui est empreint sur la cire ou sur le plomb, ne se conserve pas si long temps que ce qu'on grave sur le cuivre ou sur l'acier. A la vérité, une chose dont l'idée est souvent renouvelée à l'esprit, y durera plus long temps; mais chaque nouvelle réflexion est une impression nouvelle; et c'est de là qu'il faut compter, si l'on veut savoir combien de temps l'esprit est capable d'en conserver le souvenir. Mais en apprenant des pages de latin par cœur, on ne rend pas la mémoire plus propre à retenir quelque autre chose, qu'en gravant une sentence sur du plomb, on le rendrait plus capable de conserver fortement d'autres carac-

tères. Si en exerçant sa mémoire de cette
manière, on pouvait la fortifier et se
perfectionner l'esprit, les comédiens auraient plus de mémoire et plus d'esprit
que tout le reste des hommes; mais de
savoir si ce qu'ils mettent ainsi dans leur
tête pour jouer leur rôle, les dispose à se
mieux ressouvenir de toute autre chose,
et si leur génie se perfectionne à proportion de la peine qu'ils prennent, je
m'en rapporte à l'expérience d'autrui.
La mémoire est si nécessaire dans tous
les temps et dans tous les états de la
vie, et il y a si peu de choses qu'on
puisse faire sans son secours, qu'on ne
devrait pas appréhender qu'elle s'affai-
blît ou se perdît faute d'exercice, si
l'exercice pouvait la rendre plus forte.
Mais je doute fort qu'en général cette
faculté de l'esprit puisse être beaucoup
aidée et améliorée par l'exercice ou par
les efforts que nous pouvons faire pour
cela, ou du moins par le soin qu'on emploie sous ce prétexte dans les colléges;
et si *Xerxès* pouvait appeler par son

nom chaque soldat de son armée, composée tout au moins (1) de cent mille hommes on peut, je pense, assurer hardiment que ce ne fut pas en apprenant ses leçons par cœur, dans sa première jeunesse, qu'il acquit une si prodigieuse mémoire. Je m'imagine que dans l'éducation des princes l'on ne s'attache guère à exercer et à perfectionner leur mémoire en les mettant dans la fatigante nécessité de répéter par cœur tout ce qu'ils lisent. Cependant si cette méthode était si utile qu'on dit, on l'emploierait sans doute avec autant de soin pour les princes que pour des écoliers de la plus basse condition; car les princes ont autant besoin d'une bonne mémoire que qui que ce soit; et en général ils possèdent cette faculté dans un aussi grand degré de perfection que le reste des hommes, quoiqu'on n'ait jamais

---

(1) Je ne sais sur l'autorité de quel historien M. Locke ne donne à Xerxès que cent mille hommes; Hérodote, Justin, et plusieurs autres auteurs, lui en donnent beaucoup plus.

pris soin de la leur perfectionner de cette manière. Les choses auxquelles notre esprit s'applique avec le plus d'attention, et auxquelles il prend le plus d'intérêt, sont celles dont il se souvient le mieux, par la raison que j'ai déja dite; et si l'on joint à cela l'ordre et la méthode, c'est, je crois, tout ce qu'on peut faire pour aider une mémoire faible; que si quelqu'un s'avise de recourir à quelque autre moyen, et sur-tout à celui de la charger d'une multitude de paroles que d'autres ont arrangées à leur fantaisie, et dont celui qui les apprend ne se soucie point du tout, à peine trouvera-t-il qu'il en revienne la moitié du profit que méritent le temps et la peine qu'on y aura employés.

Je ne veux pas dire par là qu'il ne faille point donner d'exercice à la mémoire des enfants. Je crois qu'on devrait l'exercer fort souvent, mais non pas à apprendre, à force de répétitions, des pages entières des livres qu'on leur met entre les mains, lesquelles ils oublient encore, et dont ils ne se mettent plus en peine, dès qu'ils ont une fois récité leur leçon et fait leur tâche. La mémoire ni l'esprit ne se perfectionnent point par là. J'ai déja dit qu'on devrait choisir dans les bons livres de beaux passages, et les faire apprendre par cœur aux enfants ; et ces belles et solides pensées une fois imprimées dans leur mémoire, il faudrait les leur faire réciter souvent, afin qu'ils ne les oubliassent jamais. Outre l'usage qu'ils peuvent retirer pour l'avenir de ces pensées, qui leur tiendront lieu de règles et d'observations importantes, ils apprendront par là à faire de fréquentes réflexions, et à se remettre souvent dans l'esprit les choses dont ils sont obligés de se ressouvenir, ce qui est l'unique moyen de rendre la mémoire prompte et utile. L'habitude qu'ils prendront de faire de fréquentes réflexions les empêchera d'être distraits, et les engagera à se recueillir en eux-mêmes, au lieu de s'amuser sans attention à toutes les vaines idées qui se présentent à leur esprit. C'est pourquoi j'estime qu'on fera fort bien de leur donner tous les jours quelque chose à repasser dans leur mémoire, mai q uel- que chose qui en vaille la peine, et que vous seriez bien aises qu'ils pussent tou- jours rappeler, toutes les fois que vous le leur ordonnerez, ou qu'ils le desire- ront eux-mêmes. Vous les engagerez par là à réfléchir souvent sur leurs propres pensées, ce qui est une des meilleures habitudes intellectuelles qu'on puisse leur souhaiter.

§ CLXXXII.

Du reste à qui que ce soit qu'on con- fie l'instruction d'un enfant durant sa tendre jeunesse, il est certain que ce devrait être à une personne qui regar- dât le latin et toutes les langues comme la moindre partie de l'éducation ; une personne qui, sachant combien la vertu et la bonté du naturel sont préférables à toute sorte de sciences, ou à la con- naissance des langues, s'attachât princi- palement à former l'esprit de ses éco- liers, et à faire naître en eux d'heureuses dispositions à la vertu ; car si une fois

ces bonnes dispositions ont pris racine
dans le cœur, quand même on négli-
gerait tout le reste, elles le produiraient
lorsqu'il en serait temps, au lieu que
si elles n'y sont pas gravées assez profondément pour couper cours aux mauvaises habitudes, les langues, les sciences,
et tous les autres apanages d'une bonne
éducation, ne serviront qu'à rendre un
homme plus méchant et d'un commerce plus dangereux; et, dans le fond,
quoiqu'on ait fait sonner bien haut la
difficulté qu'il y a d'apprendre le latin
à un enfant, sa mère peut le lui enseigner elle-même, si elle veut bien prendre la peine d'employer seulement deux
ou trois heures par jour à lui faire lire
en sa présence les quatre évangiles en
latin; et pour cet effet, elle n'a qu'à
acheter un nouveau-testament latin, où
quelqu'un marque d'un accent la pénul-
tième syllabe des mots qui en ont plus
de deux pour lui faire connaître si elle
est longue, ce qui suffit pour lui servir
de règle dans la prononciation des mots;
après quoi, si elle prend la peine de

lire chaque jour les évangiles avec son fils, en comparant le latin avec une traduction de l'évangile en sa propre langue, je suis assuré qu'avec le temps il ne pourra que les entendre ; et lorsqu'il entendra les évangiles en latin, il pourra lire de la même manière les fables d'*Ésope*, et ensuite *Eutrope*, *Justin*, et tels autres livres. Je ne donne pas ceci pour une chose qui me paraisse simplement possible, mais pour une chose dont je sais qu'on a fait l'expérience, de sorte qu'on a enseigné sans peine le latin à un enfant par ce moyen-là.

Mais pour revenir à ce que je disais d'abord, une personne qui se charge d'élever des jeunes gens, et sur-tout de jeunes gentilshommes, devrait savoir quelque chose de plus que le latin ; et j'ajouterai qu'il ne lui suffit pas d'être habile dans les sciences pour se bien acquitter de cet emploi. Ce devrait être un homme d'une vertu éminente et d'une prudence consommée ; un homme qui eût du bon sens, le naturel doux et l'adresse d'agir toujours avec son élève d'une manière grave, agréable et affectueuse tout ensemble : mais c'est de quoi j'ai déja parlé fort au long.

§ CLXXXIII.

Quelles sciences il faut enseigner aux enfants.

Dans le temps qu'un enfant apprend le latin, on peut, comme je l'ai déja dit, lui enseigner l'arithmétique, la géographie, la chronologie, l'histoire, et même la géométrie : car si on lui montre ces sciences en français ou en latin, dès qu'il commence à entendre l'une de ces deux langues, il s'y rendra habile, et apprendra en même temps la langue comme par surcroît.

La Géographie.

Je serais d'avis qu'on le fît commencer par la *géographie* : car comme on n'a besoin que des yeux et de la mémoire pour apprendre le globe et connaître la situation et les limites des quatre parties du monde, des royaumes et des pays particuliers, un enfant apprendra

et retiendra tout cela avec plaisir. Cela
est si vrai, que j'ai logé dans une maison
où il y avait un enfant, que sa mère
avait si bien instruit dans la géographie,
qu'avant l'âge de six ans il savait distinguer les limites des quatre parties
du monde, et pouvait, sans hésiter,
montrer sur le globe telle province
qu'on lui nommât, ou sur la carte d'*Angleterre* tel pays particulier de ce royaume
qu'on lui demandât; il connaissait tous
les grands fleuves, promontoires, détroits
et golfes de la terre, et savait trouver
la longitude et la latitude de chaque
pays. À la vérité, ce qu'un enfant apprend ainsi par le moyen de la vue, et
qu'il conserve dans sa mémoire à force
de le répéter, ne contient pas tout ce
qu'il doit apprendre sur le globe. C'est
néanmoins un grand acheminement pour
le reste, dont il lui facilitera l'intelligence, lorsqu'il aura le jugement assez
mûr pour entrer dans cette discussion.
D'ailleurs c'est autant de temps gagné
pour le présent; et l'on engage insensiblement un enfant à apprendre des lan-

gues par le plaisir qu'il goûte à connaître des choses.

§ CLXXXIV.

L'Arithmétique.

Lorsqu'un enfant a bien imprimé dans sa mémoire les parties qui se remarquent naturellement sur le globe, on peut alors commencer à lui enseigner l'*arithmétique*. Par les *parties qui se remarquent naturellement sur le globe*, j'entends les diverses situations des parties de la terre et de la mer, considérées par rapport aux différents noms et aux distinctions des pays; car ce n'est pas encore le temps de parler à un enfant de ces lignes artificielles et imaginaires, qu'on a inventées, et auxquelles on a recours, seulement pour rendre cette science plus parfaite.

§ CLXXXV.

De tous les raisonnements abstraits, ceux qui se font par le moyen de l'arithmétique sont les plus faciles, et par conséquent les premiers dont l'esprit est ordinairement capable, ou auxquels il s'accoutume plus aisément. D'ailleurs l'arithmétique est d'un usage si général dans toutes les affaires de la vie, qu'il n'y a presque rien qu'on puisse faire sans son secours ; aussi est-il certain qu'un homme ne saurait s'enfoncer trop avant dans cette science, ni en avoir une connaissance trop parfaite : c'est pourquoi un enfant doit commencer à s'y exercer aussi-tôt qu'il en est capable, s'y perfectionner autant qu'il pourra, et s'y appliquer régulièrement tous les jours, jusqu'à ce qu'il soit maître dans cet art.

Dès qu'il saura l'*addition* et la *soustraction*, on pourra commencer à le pousser plus avant dans la connaissance de la géographie ; et quand il connaîtra les *pôles*, les *zônes*, les *cercles parallèles* et les *méridiens*, il faudra lui enseigner ce que c'est que *longitude* et *latitude*, et l'usage des cartes, et lui apprendre par le moyen des nombres placés à côté, quelle est la situation respective des pays, et comment on peut les trouver sur le globe terrestre; et lorsqu'il sera stylé à tout cela, on pourra lui montrer le globe céleste; et en lui faisant repasser tous les cercles, mais d'une manière plus particulière celui qu'on nomme *écliptique* ou *zodiaque*, les lui imprimer tous dans l'esprit clairement et distinctement, avec la figure et la situation de chaque constellation, qu'on pourra lui faire voir premièrement sur le globe, et ensuite dans les cieux.

L'Astronomie.

Cela fait, lorsqu'il connaîtra assez bien les constellations de notre hémisphère, il sera temps de commencer à lui donner quelque idée du monde des planètes; et pour cet effet on ne fera pas mal de lui tracer une figure du système de *Copernic*, pour lui expliquer la situation des planètes, et leur éloignement respectif du soleil, qui est le centre de leurs révolutions; cela le préparera à comprendre le mouvement et la théorie des planètes, de la manière la plus aisée et la plus naturelle; car

puisque les astronomes ne doutent pas
du mouvement des planètes autour du
soleil, il est bon qu'il suive cette hypothèse qui est non-seulement la plus
simple et la moins embarrassée, mais
aussi la plus apparemment véritable en
elle-même. Mais en ce point, comme
en tout autre qui regarde l'instruction
des enfants, il faut bien prendre garde
de commencer par ce qui est le plus simple
et le plus aisé, de ne leur enseigner
à-la-fois que le moins qu'on peut d'une
science, et de le leur bien imprimer
dans l'esprit, avant que de passer à ce
qui suit, ou à quelque chose de nouveau. Ne leur proposez d'abord qu'une
seule idée très-simple, et ayez soin de
voir qu'ils la comprennent bien, avant
que de leur proposer autre chose; ajou-
tez après cela quelque autre idée simple
qui porte immédiatement au but que
vous avez dans l'esprit. Avançant de cette
sorte insensiblement et par degrés, vous
verrez que, sans être surpris ni confondus, leur esprit s'ouvrira tous les jours,
et qu'ils pousseront leurs pensées beau-

coup plus loin qu'on n'aurait pu croire.
Du reste, lorsqu'un enfant a appris
quelque chose de lui-même, il n'y a
point de meilleur moyen, pour la lui
bien imprimer dans la mémoire, et pour
l'encourager à faire de nouveaux progrès, que de l'engager à l'enseigner à
d'autres.

§ CLXXXVI.

La géométrie.

Après qu'un enfant aura une fois
acquis une connaissance des globes terrestre et céleste, telle que nous venons
de dire, il sera en état de prendre quelque teinture de *géométrie*; mais je crois
qu'il suffit de lui enseigner les six premiers livres d'*Euclide*, car je doute qu'il
soit nécessaire ou utile à un homme du
monde d'en savoir davantage; du moins
si un enfant a du génie et de l'inclination pour cette science, il pourra s'y
enfoncer plus avant de lui-même, sans
le secours d'aucun maître, après qu'il
aura été conduit jusque-là par son
gouverneur.

Il faut donc appliquer promptement les enfants à l'étude du globe, et l'on peut, je pense, commencer de bonne heure, pourvu qu'un gouverneur ait soin de distinguer ce qu'un enfant peut ou ne peut pas comprendre; sur quoi voici une règle qui sera peut-être d'un fort grand usage, c'est qu'on peut enseigner aux enfants les choses qui tombent sous les sens, et principalement sous celui de la vue, aussi long-temps qu'ils n'ont besoin que de la mémoire pour les apprendre. Ainsi un enfant encore fort jeune peut apprendre sur le globe ce que c'est qu'*équateur*, *méridien*, etc., ce que c'est que l'*Europe*, l'*Angleterre*, etc, presque aussitôt qu'il connaît les chambres de la maison où il demeure, si l'on a soin de ne pas lui montrer trop de choses à-la-fois, ni de lui appliquer l'esprit à un nouvel objet, jusqu'à ce que celui auquel il est attaché lui soit entièrement connu, et ait été bien imprimé dans sa mémoire.

§ CLXXXVII.

La Chronologie.

A la géographie il faut joindre la *chronologie*, c'est-à-dire la partie générale de cette science, par le moyen de laquelle on peut donner à un enfant une idée de toute la suite des temps et des plus considérables époques qu'on remarque dans l'histoire. Sans ces deux sciences, l'histoire, qui est la véritable école de la prudence et de la politique, et qui doit être l'étude particulière des personnes de qualité et des gens du monde; sans la géographie, dis-je, et la chronologie, l'histoire ne peut guère bien rester dans la mémoire, ni être d'une fort grande utilité; ce n'est plus alors qu'un mélange de matières de fait, confusément entassées ensemble sans ordre ou sans instruction. C'est par le moyen de ces deux sciences que les actions des hommes sont placées dans leur véritable rang, eu égard aux temps et aux lieux; car non-seulement elles se

conservent plus aisément dans la mémoire, étant accompagnées de ces circonstances, mais ce n'est même qu'à la
faveur de cet ordre naturel qu'elles sont
capables d'exciter dans l'esprit ces réflexions qui rendent un homme qui les
lit, et meilleur, et plus habile.

§ CLXXXVIII.

Quand je dis qu'un enfant devrait
savoir exactement la chronologie, je n'ai
pas dessein de parler des disputes qu'on
a sur cette science : elles sont infinies,
et la plupart d'une si petite importance
à un gentilhomme, qu'elles ne méritent
pas qu'on s'y amuse, quand bien même
elles seraient faciles à décider. Il faut
donc éviter entièrement toutes ces savantes minuties dont les chronologistes
de profession font tant de bruit. Je ne
connais point de meilleur livre de chronologie qu'un petit traité de *Strauchius*,
in-12, intitulé : *breviarium chronologi-
cum* (1), d'où l'on peut tirer tout ce qu'il

______

(1) C'est-à-dire, abrégé de chronologie.

faut qu'un jeune gentilhomme sache de chronologie, car il n'est pas nécessaire qu'un écolier s'embarrasse l'esprit de tout ce qui est dans ce traité. On y trouve toutes les époques les plus remarquables, ou les plus communes, réduites à la période *Julienne*; ce qui est la méthode la plus aisée, la plus simple et la plus sûre dont on puisse se servir dans la chronologie. A ce traité de *Strauchius* on peut ajouter les *Tables d'Helvicus*, excellent ouvrage auquel on est obligé de recourir à tout moment.

§ CLXXXIX.

L'Histoire.

Comme rien n'est plus instructif que *l'histoire*, rien n'est aussi plus agréable. La première de ces qualités la rend digne de l'application des personnes faites, et la dernière me fait croire qu'elle est fort propre pour un jeune enfant; c'est pour quoi, dès qu'il sera instruit dans la chronologie, et que, connaissant les différentes époques qui sont en usage parmi

nous, il pourra les réduire à la période
Julienne, il faudrait lui mettre entre les
mains quelque histoire latine. Le choix
des livres devrait être réglé par la facilité du style; car tel endroit de l'histoire qu'un enfant commence à lire, la
chronologie le tirera d'embarras; et la
beauté du sujet l'invitant à lire, il apprendra le latin insensiblement, sans
être exposé à ce chagrin et à ce dégoût
horrible que les enfants endurent lorsqu'on leur fait lire, seulement pour apprendre le latin, des livres qui sont au-
dessus de leur portée, comme sont les
ouvrages des orateurs et des poëtes
latins. Après que votre enfant aura lu
et compris les historiens les plus faciles
à entendre, comme vous diriez *Eutrope*,
Justin, *Quinte-Curce*, etc., ceux qui
viennent immédiatement après ceux-là
ne lui feront pas beaucoup de peine;
et ainsi, en avançant par degrés, après
avoir commencé par les historiens les
plus simples et les plus aisés, il pourra
enfin passer à la lecture des auteurs les

plus difficiles et les plus sublimes, comme
sont *Cicéron*, *Virgile et Horace*.

§ CXC.

La Morale.

Après qu'on aura pris, dès le commencement, un soin continuel d'instruire un enfant dans tous les devoirs
de vertu dont il est capable, et cela plus
par la pratique que par des préceptes,
et qu'on lui aura fait prendre l'habitude
de préférer l'amour de la gloire à l'as-
souvissement de ses passions, je ne sais
s'il faudrait lui faire lire sur la morale
autre chose que ce qu'on en trouve dans
la bible, ou lui mettre entre les mains
aucun systéme de morale avant qu'il
puisse lire les *offices de Cicéron*, non
en qualité d'écolier pour apprendre le
latin, mais dans le dessein de s'instruire
des principes et des règles de la vertu,
pour la conduite de sa vie.

§ CXCI.

Le Droit civil.

Lorsqu'il aura bien digéré les *offices de Cicéron*, et un petit ouvrage de *Puffendorf*, intitulé (1) *devoirs de l'homme et du citoyen*, il sera temps de lui faire lire le livre de *Grotius* (2), *du droit de la guerre et de la paix*, ou un ouvrage qui est peut-être meilleur, savoir celui

---

(1) *De officio hominis et civis.*

(2) *De jure belli ac pacis.* L'édition latine de cet ouvrage, qui a été imprimée à Amsterdam en 1720 (et réimprimée en 1735), est la plus correcte de toutes. M. Barbeyrac, qui a revu le texte sur les meilleures éditions, et relevé dans de petites notes plusieurs méprises du savant Grotius, travaille à nous donner une traduction française du même ouvrage. C'est là que dans un ample commentaire il aura soin non-seulement de mettre dans un nouveau jour les raisonnements de ce grand homme, mais quelquefois aussi de les redresser ou de les confirmer par des preuves plus fortes et plus directes. Cette traduction a paru à Amsterdam en 1724.

de *Puffendorf* (1), *touchant le droit naturel et le droit des gens* (2), dans lequel il
pourra s'instruire des droits naturels des
hommes, de l'origine et des fondements
de la société, et des devoirs qui en résul-
tent. Cette partie générale du droit et
l'histoire sont des choses dont un gentilhomme ne devrait pas se contenter d'avoir
une simple teinture, mais auxquelles il
devrait s'attacher constamment, sans y
renoncer jamais tout-à-fait. Un jeune

---

(1) *De jure naturali et gentium.*

(2) Si M. Locke eût vu la traduction française
que M. Barbeyrac vient de faire de cet ouvrage,
et qu'il a enrichie d'excellentes notes, il aurait sans
doute conseillé de lire une si excellente copie pré-
férablement à l'original; ouvrage assez imparfait,
d'un style dur et inégal, plein de désordre,
chargé de citations inutiles, obscur et quelquefois
mal raisonné; tous défauts dont on ne voit plus
aucune trace dans la belle traduction de M. Barbeyrac. A l'égard de l'abrégé de cet ouvrage, pu-
blié en latin par Puffendorf lui-même, M. Barbeyrac
l'a traduit aussi en français avec tous les assorti-
ments nécessaires. La meilleure édition de ces deux
ouvrages est celle que M. Barbeyrac vient de donner en 1733 et en 1735.

homme vertueux et prudent, qui est bien versé dans cette partie générale du droit civil, laquelle ne regarde pas la discussion des cas particuliers, mais la conduite que les nations civilisées tiennent en général dans leurs affaires et dans leurs commerces ; conduite qui est fondée sur les principes de la raison ; un jeune homme, dis-je, qui, outre cela, entend bien le latin, et sait bien écrire, peut aller par tout pays, assuré qu'il trouvera de l'emploi et sera estimé en tel endroit qu'il se trouve.

§ CXCII.

Les Lois du pays.

Il est visible après cela qu'il faut qu'un gentilhomme *anglais* soit instruit des loix de son pays. Cette connaissance lui est si nécessaire, tel poste qu'il occupe, que depuis la charge de *juge de paix* jusqu'à celle de ministre d'État, je n'en vois aucune qu'il puisse bien remplir sans cela. Je ne veux pas parler de cette partie de la loi, qui ne consiste qu'en chicanes et en vaines disputes. Un homme de bonne maison, qui doit se faire un devoir de chercher la véritable différence qu'il y a entre le juste et l'injuste, et non de recourir à des artifices pour éviter de faire ce qui est équitable, et pour commettre des injustices en toute sûreté, un tel homme doit être aussi éloigné d'étudier le droit du pays pour y apprendre à embrouiller une affaire par de lâches chicaneries, qu'il est obligé de s'y attacher avec soin pour y trouver le moyen de rendre service à sa patrie. Pour cet effet, je crois que la véritable méthode qu'un gentilhomme anglais doive observer pour étudier les lois de son pays, lorsqu'il n'a pas résolu de prendre un emploi où cette étude lui soit absolument nécessaire, c'est d'examiner le gouvernement et les lois d'*Angleterre*, en lisant les anciens livres du *droit commun*, et quelques auteurs plus nouveaux qui ont fait une plus ample description de ce gouvernement ; et après s'en être ainsi fait

une véritable idée, de lire notre histoire,
et de rechercher en même temps les lois
particulières qui ont été faites sous le
règne de chaque roi; c'est par ce moyen
qu'il connaîtra la raison de nos régle-
ments, la véritable cause de leur établissement, et l'autorité qu'ils doivent avoir.

§ CXCIII.

La Rhétorique et la Logique.

Comme la *rhétorique* et la *logique*
sont des sciences qu'on a accoutumé
d'enseigner aux enfants immédiatement
après la grammaire, on s'étonnera peut-
être que j'en aie dit si peu de chose;
mais j'en use ainsi, parce que les jeunes
gens ne retirent que très-peu de fruit
de ces deux sciences; car je n'ai vu que
fort rarement, ou, pour mieux dire,
jamais, que personne ait appris à bien
raisonner, ou à bien parler, en étudiant
les règles par lesquelles on prétend enseigner ces deux choses. Je serais donc
d'avis qu'un jeune gentilhomme vît ces
règles dans les systèmes les plus courts

qu'on pourrait trouver, sans s'attacher long-temps à examiner et à étudier ces sortes de formalités. Le bon raisonnement est fondé sur tout autre chose que sur des *prédicaments* et des *prédicables*, et ne consiste pas non plus à faire des arguments en forme. Mais ce n'est pas ici le lieu de s'étendre sur ces spéculations (1). Pour revenir à ce qui fait le sujet de cet article, si vous désirez que votre enfant se perfectionne dans l'art de raisonner, faites-lui lire les œuvres de *Chillingworth* (2); si vous

---

(1) On peut voir sur cela l'*art de penser* et l'*essai concernant l'entendement humain*, l. IV, ch. 17, où M. Locke a traité la matière au long, et avec beaucoup d'exactitude.

(2) C'est le nom d'un savant théologien de l'église anglicane, qui, sous le règne de Charles Ier, publia en anglais une apologie de la religion protestante, où tous les véritables principes de cette religion sont défendus avec beaucoup de candeur, et avec une force et une netteté incomparables contre les objections d'un habile jésuite qui avait rassemblé avec beaucoup d'art les arguments les plus subtils et les plus spécieux que les catholi-

voulez qu'il apprenne à bien parler, engagez-le dans la lecture de *Cicéron* (1), afin qu'il prenne dans les ouvrages de ce grand orateur la véritable idée de l'éloquence ; et si vous souhaitez qu'il écrive purement en anglais, faites-lui lire des livres bien écrits en cette langue.

------

ques romains puissent opposer aux protestants. Comme cet ouvrage n'est qu'un tissu naturel de raisonnements pleins de solidité et d'évidence, la lecture en doit être infiniment plus propre à former l'esprit que de simples règles de logique. On peut dire la même chose des livres de mathématiques qui sont écrits nettement et dans un ordre naturel, et de tous ceux qui traitent de quelque matière curieuse et importante, et dont les raisonnements sont justes, bien suivis et clairement expliqués.

L'ouvrage de Chillingworth a paru en français à Amsterdam en 1730, en 3 vol. in-12.

(1) A force d'entendre Démosthène, disait Élien, on deviendra grand orateur : Ἐὰν προσέχῃ τις Δημοσθένει, δεινὸν εἰπεῖν ἐργάσεται ὁ Δημοσθένης. *Var. hist.* lib. IV, cap. 10.

§ CXCIV.

Un enfant bien né ne doit pas être élevé aux ergoteries de l'école.

Si l'usage et la fin du bon raisonnement conduisent à avoir des idées droites des choses et d'en juger sainement, de distinguer le vrai du faux, le juste de l'injuste, et d'agir d'une manière conforme à ces idées, ayez soin (1) d'em-

---

(1) C'était aussi le sentiment de Montaigne, comme il nous l'apprend dans ses *Essais*, liv. I, chap. 25, en ces termes : « Cicéron disoit que, « quand il vivroit la vie de deux hommes, il ne « prendroit pas le loisir d'étudier les poëtes lyri-« ques ; et je ne trouve ces ergotistes plus triste-« ment encore inutiles. Notre enfant est bien plus « pressé ; il ne doit au pédagogisme que les pre-« miers quinze ou seize ans de sa vie : le demeu-« rant est deu à l'action. Employons un temps si « court aux instructions nécessaires. Ce sont abus, « ostez toutes ces subtilitez espineuses de la dia-« lectique, de quoi nostre vie ne se peut amender : « prenez les simples discours de la philosophie, « sçachez les choisir et traiter à poinct ; ils sont

pêcher que votre enfant ne s'accoutume
à toute cette *ergoterie* qu'on a réduite
en art dans l'école, soit en s'y exerçant
lui-même, soit en admirant ceux qui
s'y amusent, si ce n'est qu'au lieu d'en
faire un habile homme, vous ne veuillez
en faire un disputeur sans jugement, un
opiniâtre dans les conversations, qui se
fera un honneur de contredire tout le
monde; ou, ce qui est encore pis, qui
mettra tout en question, s'imaginant que
ce n'est pas la vérité qu'il faut chercher

« plus aisez à concevoir qu'un conte de Boccace. »
Et un peu plus haut dans ce même chapitre :
« Qu'on le rende, dit-il, délicat au choix et triage
« de ses raisons. — Qu'on l'instruise sur tout à se
« rendre, et quitter les armes à la vérité, tout
« aussi-tost qu'il l'appercevra, soit qu'elle naisse
« ès mains de son adversaire, soit qu'elle naisse
« en lui-mesme par quelque ravissement.—Que sa
« conscience et sa vertu reluisent en son parler,
« et n'ayent que la raison pour conduite. — Voire
« mais que fera-t-il si on le presse de la subtilité
« sophistique de quelque syllogisme? Ce jambon
« fait boire, le boire désaltère, pour quoi le jam-
« bon désaltère. Qu'il s'en moque, il est plus sub-
« til de s'en moquer, que d'y respondre. »

dans les disputes, mais seulement le plaisir de triompher de son adversaire. Rien n'est plus indigne d'un honnête homme, plus mal séant à un homme de bonne maison, ou à toute personne qui prétend à la qualité de créature raisonnable, que de ne pas se rendre à une raison sensible et à l'évidence d'un argument convaincant. Il n'y a rien, dis-je, de plus contraire à la civilité qui doit régner dans la conversation des gens polis et au but de toute sorte de disputes, que de ne pas se contenter d'une réponse, quelque solide qu'elle soit, mais de continuer la dispute aussi long-temps qu'on le peut de part et d'autre à la faveur d'un terme équivoque, ou d'une distinction frivole, sans se mettre en peine si ce qu'on soutient est à propos ou non, raisonnable ou extravagant, conforme ou contraire à ce qu'on a déja dit. Cependant le grand art des disputes de logique, c'est que jamais l'opposant ne se contente des répliques du répondant, et que celui-ci de son côté ne cède jamais à l'évidence des arguments

que l'autre lui propose. Arrive ce qui
pourra de la vérité, nul d'eux ne doit
en venir là, s'il ne veut être sifflé comme
un misérable disputeur, qui ne sait pas
soutenir vigoureusement ce qu'il a une fois
avancé, en quoi consiste toute la gloire
où l'on aspire dans les disputes. C'est
par un sérieux et solide examen des
choses mêmes, qu'on peut trouver et défendre la vérité, et nullement par le
moyen de certains termes artificiels et
de certaines méthodes de discourir, qui,
loin de conduire les hommes à la dé-
couverte de la vérité, les engagent à
employer des mots équivoques dans un
sens captieux et trompeur, ce qui est la
chose du monde la plus inutile et la
plus choquante, et qui sied le plus mal
à un gentilhomme, et en général à tout
sincère amateur de la vérité.

§ CXCV.

*Un gentilhomme doit apprendre à bien
parler et à bien écrire.*

Il n'y a guère de plus grande imper-
fection dans un gentilhomme que de ne

pas bien s'exprimer en parlant ou en écrivant. Cependant combien voyons-nous tous les jours de gens qui, avec les revenus et le titre de gentilhomme dont ils devraient avoir les qualités, ne savent pas même raconter une histoire comme il faut, bien loin de pouvoir parler d'une manière nette et persuasive sur quelque affaire importante ! Mais je crois que ce n'est pas tant (1) à eux qu'il faut s'en prendre qu'à la manière dont ils ont été élevés; car je dois rendre cette justice à (2) mes compatriotes que lorsqu'ils font usage de leur esprit (3),

---

(1) M. Locke entend parler ici de ses compatriotes; et La Bruyère nous dit en général que si les enfants expriment leurs pensées en mauvais termes, « c'est moins leur faute que celle de leurs « parents ou de leurs maîtres. » *Caractères,* ch. XI; de l'homme, tom. II, page 35, édition d'Amsterdam, 1743.

(2) Les Anglais.

(3) J'admire ici la modestie de M. Locke, qui sans doute aurait pu parler plus avantageusement de son pays. On n'a pas accoutumé d'être si retenu sur cet article. Chaque nation se donne har-

je ne vois pas qu'ils soient inférieurs à
aucun de leurs voisins. On leur a appris
la rhétorique, mais on ne leur a jamais
enseigné à s'exprimer agréablement de
bouche ou par écrit dans la langue dont
ils doivent se servir toute leur vie,
comme si l'art de parler consistait à savoir les noms des figures qui embellis-
sent les discours de ceux qui entendent
cet art. C'est une chose qui, comme
toutes celles qui dépendent de la pratique, ne s'apprend point par le secours
d'un petit ou d'un grand nombre de
règles, mais par un usage conforme à

---

diment la préférence ; de sorte qu'on pourrait
dire des peuples ce que madame Deshoulières a
dit de chaque homme en particulier,

> Nul n'est content de sa fortune,
> Ni mécontent de son esprit.

Ils se glorifient tous de leur génie pour les arts et
les sciences ; mais, chacun à part, ils trouvent
leurs voisins trop puissants et trop riches. Ils
leur envient leur application au commerce qu'ils
voudraient attirer tout entier chez eux. Leur jalousie n'est jamais endormie à cet égard, parce
que leur avidité est insatiable.

de bonnes règles, ou plutôt en imitant de bons modèles, jusqu'à ce qu'on ait acquis l'habitude et la facilité de la bien faire.

Pour cet effet, il ne serait peut-être pas mauvais d'engager les enfants, dès qu'ils en sont capables, à raconter les petites histoires qui leur sont connues, et de corriger d'abord la faute la plus remarquable où ils tombent par rapport à l'arrangement du sujet. Cette faute redressée, il faudrait leur en découvrir quelque autre, et ainsi de suite, jusqu'à ce qu'on les eût toutes corrigées, ou du moins les plus grossières. Dès qu'ils peuvent faire un conte passablement bien, il est temps de commencer à le leur faire mettre par écrit. On peut se servir pour cela des fables d'*Ésope*, qui est presque le seul livre que je connaisse propre pour des enfants, comme on s'en est déjà servi pour leur faire lire et traduire du latin lorsqu'on a commencé à leur enseigner cette langue. Après qu'ils en sont venus à ce point d'écrire correctement sans violer les règles de la grammaire, et qu'ils peuvent lier, dans un discours suivi, les différentes parties d'un conte sans employer des transitions triviales, grossières et répétées trop souvent, comme les enfants ont accoutumé de faire dans les commencements, si vous voulez les perfectionner encore davantage dans ce point, qui est le premier degré de l'art de parler, et où l'on n'a pas besoin d'invention, vous pouvez recourir à *Cicéron*, et, en parcourant les règles que ce grand maître de l'éloquence étale dans son premier livre *de l'invention*, § 20, leur faire voir en quoi consistent l'art et les graces de la narration, selon les divers sujets qu'on traite, et les différentes vues qu'on se propose : il serait bon de leur montrer, après cela, par des exemples, comment d'autres ont pratiqué ces mêmes règles. Les anciens auteurs classiques en fournissent un grand nombre qu'on devrait non seulement leur faire traduire, mais leur donner tous les jours comme autant de modèles à imiter.

Lorsqu'ils viennent à écrire en anglais

d'une manière suivie, en termes propres
et avec quelque ordre, et qu'ils sont capables de narrer d'un assez bon style,
on peut les engager à écrire des lettres
sans prétendre qu'ils y mettent des
pointes d'esprit ou des compliments re-
cherchés, mais en leur apprenant à exprimer leurs pensées simplement, sans
confusion, d'une manière aisée et naturelle. Ce point une fois gagné, pour leur
élever l'esprit, on pourra leur faire lire
les lettres de Voiture, où ils apprendront comment on doit entretenir ses
amis absents par des lettres de civilité,
par des lettres enjouées, badines et pleines
d'une obligeante raillerie, à quoi il faut
joindre les épîtres de Cicéron, comme
le meilleur modèle de lettres d'affaires
ou de pure conversation qu'on puisse
voir. On se trouve si souvent obligé
d'écrire des lettres, qu'il n'y a point
d'homme de bonne maison qui puisse
éviter de faire connaître par là son génie. Il se verra tous les jours dans la
nécessité d'écrire des lettres; et sans
compter que ses affaires se ressentiront

bien souvent de la manière dont il s'en acquittera, il s'exposera toujours plus par ses lettres à être sévèrement examiné sur son savoir vivre, sur son jugement et sa capacité, que par ses discours, dont les fautes mourant pour l'ordinaire avec le son qui leur donne la vie, et n'étant pas par conséquent sujettes à un si rigide examen, échappent plus facilement à l'attention des critiques.

Si l'instruction des enfants eût été ménagée comme il faut par rapport à sa véritable fin, il n'y a pas apparence qu'on eût pu négliger un article si important dans le même temps qu'on prend par-tout un si grand soin de faire faire aux enfants des discours latins en prose et en vers, ce qui n'est bon qu'à mettre leur esprit à la torture par la difficulté où ils se trouvent de traiter des sujets qui sont au-dessus de leur capacité, et qu'à arrêter les progrès qu'ils feraient avec plaisir dans les langues sans ces obstacles déraisonnables. Mais c'est une coutume établie; qui aurait le courage de s'y opposer? Et dans le fond, a-t-on

droit d'exiger d'un régent de collége
tout hérissé de grec et de latin, qui sait
sur le bout du doigt tous les tropes et
toutes les figures de la rhétorique de Far-
nabe, qu'il apprenne à ses écoliers à
s'exprimer poliment en anglais, puisque
c'est une chose à laquelle il s'est si peu
appliqué lui-même, que bien souvent
les mères de ses disciples pourraient lui
en faire des leçons, quoique apparemment il les regarde de haut en bas
comme de pauvres ignorantes, parce
qu'elles n'ont jamais lu aucun système
de logique et de rhétorique.

Qu'un homme parle ou écrive, rien
n'est plus propre à faire valoir ce qu'il
veut dire, et à lui procurer une attention favorable, qu'un langage correct; et
puisqu'un gentilhomme anglais doit avoir
continuellement besoin de l'anglais (1),
c'est le langage qu'il devrait sur-tout
cultiver, et dans lequel il faudrait pren-

---

(1) Un gentilhomme français doit de même
se faire une affaire d'écrire poliment et correctement en français.

dre le plus de soin de polir et de perfectionner son style. Un homme fera
peut-être plus de bruit dans le monde,
s'il parle ou écrit mieux en latin qu'en
anglais ; mais il lui serait beaucoup plus
avantageux de s'exprimer bien dans sa
propre langue, dont il se sert à tout moment, que de s'attirer de vains éloges
pour une qualité fort inutile. Je vois
pourtant qu'en Angleterre on ne prend
aucun soin d'exercer et de perfectionner les jeunes gens dans leur langue :
c'est un point qu'on y néglige absolument ; de sorte que s'il se trouve quelqu'un parmi nous qui parle anglais d'un
style plus coulant et plus pur qu'à l'ordinaire, il en faut attribuer la cause au
hasard, à la bonté de son génie, ou à
toute autre chose qu'à son éducation
ou au soin que son maître a pris pour
cela. Un précepteur se croirait désho-
noré d'examiner ce que son disciple dit
ou écrit en anglais ; il se réserve tout
entier pour le grec et le latin, quoique
bien souvent il n'y soit pas fort habile
lui-même. Mais ce sont deux langues sa-

vantes, et qui seules méritent que les savants se mêlent de les enseigner : pour l'anglais, c'est la langue du vulgaire ignorant. Avec tout cela nous voyons que la politique de quelques-uns (1) de nos voisins n'a pas jugé qu'il fût indigne des soins du public d'encourager et de récompenser ceux qui s'attachent à perfectionner leur langue. Ce n'est pas chez eux une petite affaire que de travailler à la polir, et de l'enrichir. On a érigé des académies et établi des pensions pour cela, et il y a parmi eux une extrême émulation à qui écrira d'une manière plus pure et plus correcte. Nous voyons où ils en sont venus par ce moyen-là, et combien ils ont répandu leur langue (2), la plus imparfaite peut-être de

----

(1) Il paraît par la suite que c'est de la France que M. Locke a dessein de parler.

(2) Les écrivains français qui se sont le plus distingués sous le règne de Louis XIV, par la beauté, la pureté et la vivacité de leur style, ne jugent pas si désavantageusement de la langue française qu'on parlait long-temps avant l'établissement de l'académie. Ils doutent au contraire

toutes celles de l'Europe, si nous la considérons telle qu'elle était quelques règnes
auparavant, dans quelque rang qu'on la

---

qu'elle soit fort inférieure à celle dont je parle aujourd'hui. « Si nos ancêtres, dit le judicieux La
Bruyère, ont mieux écrit que nous, ou si nous
l'emportons sur eux par le choix des mots,
par le tour et l'expression, par la clarté et la
brièveté du discours, c'est une question souvent
agitée, toujours indécise. — Il faudrait, pour
prononcer juste sur cette matière, opposer siècle
à siècle, et excellent ouvrage à excellent ouvrage. » Il n'y a pas apparence que M. Locke se
soit donné cette peine. C'est assez à un étranger
comme lui de suivre l'opinion la plus commune;
et l'on sait qu'en fait de langues, tout ainsi qu'à
l'égard des habits, les nouvelles modes paraissent
toujours les plus parfaites au plus grand nombre.
Racine, l'un des plus corrects et des meilleurs
écrivains de notre siècle, n'est pas moins réservé
que La Bruyère. Dans sa préface sur *Mithridate*,
voulant citer un passage de Plutarque, il est bien-
aise de rapporter ses paroles telles qu'Amiot les a
traduites; « car, dit-il, elles ont une grace, dans le
« vieux style de ce traducteur, que je ne crois
« point pouvoir égaler dans notre langue mo-
« derne. » Enfin le célèbre La Fontaine était si
convaincu que le langage de Marot, qui vivait du
temps de François Ier, l'emportait sur le nôtre

mette aujourd'hui. Parmi les Romains, les personnes du premier rang s'exerçaient tous les jours dans leur propre langue, et nous trouvons encore dans l'histoire les noms des orateurs (1) qui ont enseigné le latin à des empereurs romains, quoique le latin fût leur langue maternelle.

Les Grecs ont été encore plus délicats sur cet article. Ils n'étudiaient et n'estimaient que leur langue : toute au-

---

par la naïveté et la vivacité de ses expressions, qu'il s'est fait un plaisir de l'imiter, ce qui lui a très-bien réussi, selon M. Despréaux (réflexion sur Longin, page 3o7, du tome III de ses œuvres de l'édition d'Amsterdam 1721), ou plutôt au jugement de toute la France; et qui n'admire encore aujourd'hui la naïveté, la netteté, la force et la vivacité du style de Rabelais qui vivait du temps de Marot? Il est aisé de conclure de là que la langue française que parlaient nos ancêtres, n'était pas si méprisable qu'on pourrait bien croire.

(1) Eutrope, parlant de l'éducation de Marc Antonin, dit, *latinas litteras eum Fronto orator. nobilissimus docuit;* Fronton, très-fameux orateur, lui enseigna le latin.

tre passait pour barbare chez ce peuple si savant et si spirituel, quoiqu'il soit indubitable qu'ils ont emprunté leur savoir et leur philosophie d'ailleurs.

Mon dessein n'est pas de décrier le grec et le latin. Bien loin de là, je crois qu'on doit faire une étude particulière de ces deux langues, et que tout gentilhomme doit au moins bien entendre le latin. Mais quelques langues étrangères qu'un jeune gentilhomme apprenne (et plus il en apprendra, mieux ce sera pour lui), celle qu'il devrait étudier exactement, et dans laquelle il devrait s'exprimer facilement, nettement et également, ce devrait être sa propre langue ; et, pour cet effet, il faudrait l'y exercer tous les jours.

§ CXCVI.

La Physique.

Pour parler maintenant de la physique, si vous la considérez comme une science spéculative, je ne crois pas que nous ayons aucun traité de physique qui

mérite ce nom, et peut-être ai-je raison
de penser que nous n'en aurons jamais.
Les ouvrages de la nature doivent leur
naissance à une sagesse si sublime, et
ont été produits par des moyens qui
sont si au-dessus de notre pénétration
ou de notre conception, que nous ne
saurons jamais nous en former une idée
assez claire et assez distincte pour mériter le nom de science. Comme la physique est la connaissance des principes,
des propriétés et des opérations des
choses, telles qu'elles sont en elles-
mêmes, je m'imagine qu'on y peut considérer deux parties, dont l'une com-
prend les esprits, leur nature et leurs
qualités, et l'autre les corps. On rapporte ordinairement la première à la
métaphysique; mais, sous quelque prétexte qu'on en parle, je crois que l'examen des esprits et de leur nature devrait précéder celui de la matière et des
corps, non en qualité de science qu'on
puisse réduire en système et traiter par
des principes évidents, mais comme une
étude propre à nous donner une idée

plus certaine et plus étendue du monde
intellectuel, que la raison et la révélation concourent à nous faire connaître.
Or, puisque les idées les plus étendues
que nous ayons des autres esprits, outre
Dieu et notre ame, nous viennent du
ciel par le moyen de la révélation, je serais d'avis que la connaissance que les
jeunes gens doivent enfin avoir des esprits fût tirée de cette même révélation.
Pour cet effet, je crois qu'il serait à
propos de faire une bonne histoire de
la bible, qu'on fît lire aux jeunes gens,
dans laquelle on rangeât exactement
toutes les choses qui seraient propres à
y entrer, selon l'ordre des temps, sans
y insérer les choses qu'ils ne sauraient
comprendre que lorsqu'ils sont dans un
âge plus avancé. Par ce moyen, on empêcherait les enfants de tomber dans le
désordre où ils se jettent d'ordinaire en
lisant indifféremment tous les livres de
l'écriture-sainte comme ils se trouvent
reliés dans nos bibles. On retirerait encore de là un autre avantage, c'est qu'en
faisant lire réglément aux enfants cette

histoire, où les esprits font un personnage si considérable dans tout ce qui s'y passe, cette lecture leur donnerait peu-à-peu une idée de ces êtres intelligents, laquelle les convaincrait en même temps de leur existence, ce qui serait une bonne préparation à l'étude des corps. D'ailleurs, si nous n'admettons pas des esprits, notre philosophie sera imparfaite et défectueuse, dans l'une de ses plus considérables parties, puisque par là nous serons privés de la contemplation des êtres les plus excellents et les plus puissants que Dieu ait créés.

§ CXCVII.

La Physique.

Je crois même qu'il serait à propos de faire de l'histoire de la bible un abrégé le plus court et le plus simple qu'on pourrait, qui contînt ce qu'il y a de plus remarquable et de plus essentiel dans cette histoire, pour le faire apprendre aux enfants dès qu'ils savent lire. Quoique cette méthode aille à leur donner

de bonne heure quelque connaissance
des esprits, elle n'est pourtant pas contraire à ce que j'ai dit ci-dessus, que je
ne serais pas d'avis qu'on embarrassât
les enfants, pendant qu'ils sont jeunes,
d'aucune idée des esprits : car par là je
ne voulais dire autre chose, si ce n'est
que je crois qu'on fait mal de commencer de bonne heure à faire entrer dans
leurs ames, susceptibles en ce temps-là
de toutes sortes d'impressions, des idées
effrayantes de fantômes, de spectres et
d'apparitions, artifice dont leurs gou-
vernantes et ceux qui sont auprès d'eux
se servent volontiers pour les obliger
par cet épouvantail à exécuter leurs
ordres : ce qui cause souvent de grands
inconvénients, dont ils ressentent les
effets pendant tout le reste de leur vie;
car ces sortes d'idées s'étant une fois imprimées dans leur esprit, ils se trouvent
dès-lors asservis à des craintes, à des
frayeurs et à des faiblesses pleines de superstition, qui les remplissent de chagrin
et de confusion lorsqu'ils viennent à paraître dans le monde; et il arrive assez

souvent que, pour se guérir entièrement l'esprit comme ils s'imaginent, et pour se délivrer d'un si pesant fardeau, ils renoncent tout d'un temps à la croyance de tous les esprits, se jetant ainsi dans une autre extrémité pire que la première.

§ CXCVIII.

La Physique.

Voulez-vous savoir maintenant pourquoi je serais d'avis qu'avant que d'engager les jeunes gens dans l'examen de la nature des corps, on leur donnât quelque connaissance des esprits, et qu'on leur inculquât fortement ce que l'écriture-sainte nous apprend, avant que de leur faire commencer l'étude de la physique? Le voici. Comme la matière est une chose dont tous nos sens sont incessamment frappés, il arrive aisément qu'elle remplit, pour ainsi dire, la capacité de notre ame jusqu'à en exclure tout être différent de la matière; de sorte que ce préjugé, une fois établi sur cette accoutumance, empêche souvent

qu'on n'admette des esprits, ou qu'on
ne croie qu'il y ait dans la nature aucun
être immatériel, quoiqu'il soit évident
que par la seule idée de la matière et
du mouvement on ne saurait expliquer
aucun des phénomènes considérables de
la nature; tel est, entre autres, celui de
la pesanteur. C'est un phénomène fort
commun, que je ne crois pas (1) qu'on
puisse exprimer par aucun effet naturel
de la matière, ou par aucune loi du
mouvement, mais par la volonté posi-
tive d'un être suprême qui a déterminé
la chose de cette manière. Ainsi, comme
on ne peut bien expliquer le déluge,
sans admettre quelque chose qui ne soit
pas selon le cours ordinaire de la nature, je laisse à juger si en supposant

----

(1) On peut voir les conjectures de M. le che-
valier Newton sur la cause de la pesanteur, dans
son *Traité d'optique*, imprimé pour la seconde
fois en Anglais, en 1718; et dans la traduction
française imprimée à Paris, in-4°, en 1722. Ces
conjectures n'avaient pas paru dans la première
édition anglaise, imprimée en 1704, six ou sept
mois avant la mort de M. Locke.

que Dieu ait changé pendant un certain temps le centre de gravité de la terre, (chose aussi intelligible que la pesanteur elle-même, et qui peut-être se pourrait faire par un petit changement de causes qui nous est inconnu), on ne rendrait pas plus aisément raison du déluge de Noé, que par aucune hypothèse qu'on ait employée jusqu'ici pour l'expliquer. J'apprends qu'on objecte à cela que le changement du centre de gravité ne produirait qu'un déluge particulier. Mais, ce changement une fois admis, il n'est pas difficile de concevoir que, par un effet de la puissance divine, le centre de gravité, placé à une distance convenable de celui de la terre, se mût en rond pendant tout le temps requis pour faire un déluge universel; et par là je pense qu'on pourrait bien plus aisément rendre raison de tous les phénomènes du déluge décrit par Moïse, que par ce grand nombre de suppositions étranges auxquelles on a eu recours pour expliquer ce déluge. Mais ce n'est pas ici le lieu de pousser cet argument, que je n'ai proposé qu'en passant, afin de faire voir qu'il est nécessaire de de recourir à quelque chose de plus que la matière et le mouvement pour rendre raison des ouvrages de la nature, et que la connaissance des esprits et de leur pouvoir, auquel l'Écriture attribue de si grands effets, y peut servir beaucoup ; réservant à une occasion plus commode d'expliquer cette hypothèse d'une manière plus étendue, et d'en faire l'application à toutes les parties du déluge et à toutes les difficultés qui se présentent dans l'histoire de cette épouvantable catastrophe telle qu'elle nous est racontée dans la bible.

§ CXCIX.

La Physique.

Mais, pour revenir à l'étude de la physique, quoique le monde soit plein de systémes de cette partie de la philosophie, je ne saurais dire que j'en connaisse aucun qui soit propre à être enseigné à un enfant, comme une science

où il puisse s'assurer de trouver des connaissances certaines et évidentes, qui est
ce que promettent toutes les sciences.
Je ne veux pas inférer de là qu'on ne
doive lire aucun système de physique.
Dans un siècle aussi éclairé que celui-ci,
il est nécessaire qu'un gentilhomme en
examine quelques-uns pour en pouvoir
discourir dans les conversations. Mais,
soit qu'on lui mette entre les mains le
système de Descartes, comme celui qui
est le plus à la mode, ou qu'on juge à
propos de lui donner une légère idée de
celui-là et de plusieurs autres, je crois
qu'il faut lire tous les différents systèmes
de physique qui ont paru dans cette
partie du monde, que nous connaissons
plutôt pour savoir les hypothèses et entendre les termes et les façons de parler des diverses sectes, que dans l'espérance d'acquérir par là une connaissance
certaine et évidente des ouvrages de la
nature. Tout ce qu'on peut dire, c'est
que les philosophes modernes qui expliquent les effets de la nature, par la
seule considération de la figure et du

mouvement des différentes parties de la
matière, parlent en plusieurs choses plus
intelligiblement que les péripatéticiens
qui ont régné dans les écoles immédiatement avant ces premiers. Que si quelqu'un veut pousser plus loin l'étude de
la physique, et connaître les différentes
opinions des anciens, il n'a qu'à lire le
système intellectuel (1) du docteur Cud-
worth, où ce savant homme a rassemblé et expliqué avec tant d'exactitude et
de jugement les sentiments des philosophes grecs, qu'on y peut mieux voir
les principes dont ils se sont servis et
les principales hypothèses qui les ont partagés en différentes sectes, que dans aucun
autre livre que je connaisse. Mais je ne
voudrais pourtant pas détourner qui que
ce soit de l'étude de la nature, sous pré-

____

(1) Il est écrit en anglais; mais ceux qui n'entendent pas cette langue peuvent désormais le
connaître par plusieurs beaux extraits que M. le
Clerc en a donnés dans sa *Bibliothèque choisie*,
tome I, page 63; tome II, pag. 11, 78; tome III,
page 11; tome V, page 30; tome VII, page 19;
tome VIII, page 11, 43; tome IX, pag. 1, 14.

texte que toute la connaissance que nous en avons, ou peut-être que nous en pouvons jamais avoir, ne saurait parvenir à ce point d'évidence et de certitude qu'elle devrait avoir pour être une véritable science. Il y a quantité de choses dans la nature qu'il est à propos et nécessaire qu'un gentilhomme sache, et plusieurs autres qui, par le plaisir et l'avantage qu'elles apportent à ceux qui les recherchent, les récompensent abondamment de leur peine. Mais je crois qu'on apprendra plutôt ces sortes de choses de ceux qui joignent les expériences et les observations aux raisonnements, que de ceux qui font des systèmes purement spéculatifs ; aussi les écrits de cette première espèce, comme sont plusieurs de ceux qui ont été composés par M. Boyle, et par d'autres qui ont écrit de l'agriculture, de l'art d'élever les arbres, du jardinage, et de telles autres choses, sont très-propres pour un gentilhomme, lorsqu'il a quelque connaissance des systèmes de physique, qui sont le plus à la mode.

§ CC.

La Physique.

Quoique les systèmes de physique que j'ai vus jusqu'ici, ne nous donnent pas grande espérance de voir un traité appuyé de preuves claires et certaines, qui fasse un corps entier de physique, en commençant par les premiers principes des corps en général, cependant l'incomparable M. Newton nous a fait voir combien les mathématiques, appliquées à quelques parties de la nature, peuvent servir, par le moyen de certains principes prouvés par des faits incontestables, à nous donner, si j'ose ainsi dire, la connaissance de quelques provinces particulières de cet univers, dont notre esprit ne saurait jamais pénétrer tous les admirables ressorts. Si d'autres personnes nous faisaient une description aussi juste et aussi nette de quelques autres parties de la nature, que celle que ce savant homme a faite du monde des planètes et des plus considérables phénomènes qu'on y remarque, dans son excellent ouvrage intitulé, *philosophiæ naturalis principia mathematica* (1), nous pourrions espérer avec le temps d'avoir une connaissance plus certaine et plus évidente de plusieurs parties de cette prodigieuse machine, que nous n'avons pu l'attendre jusqu'ici; et quoiqu'il y ait peu de gens qui soient assez savants dans les mathématiques pour entendre

---

(1) *Principes mathématiques de la philosophie naturelle*. Il faut joindre à cet ouvrage un autre monument de la pénétration et de la sagacité de ce grand génie, je veux dire son Traité d'Optique, où il a fait voir, par des expériences incontestables, en quoi consiste la lumière, ce que c'est que les couleurs qui en émanent, ce qui constitue chaque couleur particulière, ce qui les distingue les unes des autres, etc. Une chose qui rend encore cet ouvrage très-précieux, c'est que l'auteur nous découvre ses opinions sur les matières les plus importantes de la physique. La traduction qu'on en a faite en français, a été publiée à Amsterdam en 1720, et elle a été réimprimée à Paris en 1722. Cette seconde édition, qui a été revue avec soin et corrigée en quantité d'endroits, est de beaucoup préférable à l'édition d'Amsterdam.

les démonstrations de M. Newton, cependant, comme les plus habiles mathématiciens qui les ont examinées reconnaissent qu'elles sont incontestables, son livre mérite d'être lu, et n'apportera pas peu d'utilité et de plaisir à ceux qui, voulant connaître les mouvements, les propriétés et les opérations des grandes masses de matière qui sont dans l'orbe solaire, considéreront seulement avec soin les conclusions qu'il renferme comme des propositions bien prouvées et déduites de leurs véritables principes.

§ CCI.

S'il faut apprendre du grec aux enfants.

Voilà en peu de mots ce que j'ai imaginé sur la manière dont on doit conduire les études d'un jeune enfant de bonne maison. Mais on s'étonnera peut-être que j'aie oublié de parler de la langue grecque, puisque c'est parmi les Grecs qu'on trouve, pour ainsi dire, la source et le fondement de tout le savoir qui paraît dans notre Europe. Nous avons cette obligation à ce peuple, j'en tombe d'accord, et j'ajouterai même qu'un homme qui ignore la langue grecque ne saurait passer pour savant. Mais je n'examine pas ici la manière d'élever un enfant dont on voudrait faire un savant de profession. Je ne parle que de l'éducation d'un jeune gentilhomme, auquel tout le monde convient que le français et le latin sont nécessaires, vu l'état présent des choses. Du reste, lorsqu'il sera homme fait, s'il a envie de pousser plus loin ses études, et de s'enfoncer dans la littérature grecque, il apprendra facilement le grec de lui-même; et s'il n'a point d'inclination pour cette langue, ce qu'il en apprendra sous un précepteur ne lui servira de rien. Tout le temps et toute la peine qu'il aura donnés pour cela sera autant de temps et de peine employés à une étude qu'il négligera et abandonnera entièrement dès qu'il sera maître de lui-même; car, je vous prie, parmi les gens de lettres même, de cent qui apprennent le grec, combien y en a-t-il qui retiennent ce qu'ils en ont appris au collége, ou qui y fassent d'assez grands progrès pour lire sans peine les auteurs grecs et les entendre parfaitement?

Pour conclure cet article des études d'un jeune gentilhomme, son gouverneur devrait se bien ressouvenir que son affaire ne consiste pas tant à lui enseigner tout ce qu'on peut savoir (1), qu'à lui inspirer de l'amour et de l'estime pour la science, et à lui donner les ouvertures nécessaires pour en acquérir par lui-même, lorsqu'il aura envie de s'y appliquer.

Mais je ne saurais m'empêcher de transcrire encore ici les judicieuses réflexions qu'un célèbre écrivain (2) français a faites

---

(1) « Il n'y a rien tel, dit Montaigne, que d'allé-« cher l'appétit et l'affection, autrement on ne fait « que des ânes chargés de livres; on leur donne à « coups de fouet en garde leur pochette pleine de « science, laquelle, pour bien faire, il ne faut pas « seulement loger chez soi, il la faut espouser. » *Essais*, liv. I, ch. XXV.

(2) La Bruyère, dans ses Caractères, ch. XIV, *de quelques usages*, t. II, p. 222, édit. d'Amst. 1743.

au sujet des langues. « L'on ne peut
« guère, dit-il, charger l'enfance de la
« connaissance de trop de langues, et il
« me semble que l'on devrait mettre
« toute son application à l'en instruire.
« Elles sont utiles à toutes les conditions
« des hommes, et elles leur ouvrent éga-
« lement l'entrée, ou à une profonde,
« ou à une facile et agréable érudition.
« Si l'on remet cette étude si pénible à
« un âge un peu plus avancé et qu'on
« appelle la jeunesse, ou l'on n'a pas la
« force de l'embrasser par choix, ou l'on
« n'a pas celle d'y persévérer; et si l'on
« y persévère, c'est consumer à la re-
« cherche des langues le même temps
« qui est consacré à l'usage que l'on en
« doit faire; c'est borner à la science
« des mots un âge qui veut déja aller
« plus loin, et qui demande des choses;
« c'est au moins avoir perdu les pre-
« mières et les plus belles années de sa
« vie. Un si grand fonds ne se peut bien
« faire que lorsque tout s'imprime dans
« l'ame naturellement et profondément;
« que la mémoire est neuve, prompte

« et fidèle ; que l'esprit et le cœur sont
« encore vides de passions, de soins et
« de désirs, et que l'on est déterminé
« à de longs travaux par ceux desquels
« on dépend. Je suis persuadé que le pe-
« tit nombre d'habiles, ou le grand nom-
« bre de gens superficiels vient de l'ou-
« bli de cette pratique. »

Tout le monde, je pense, tombera
d'accord avec ce judicieux écrivain, que
l'étude des langues convient proprement
à nos premières années. Mais c'est aux
parents et aux gouverneurs à considérer
quelles langues il est à propos qu'un enfant apprenne ; car il faut avouer que
c'est faire perdre à un enfant son temps
et sa peine, que de l'engager à apprendre des langues dont il n'y a pas apparence qu'il fasse jamais aucun usage
dans le genre de vie auquel il est destiné, ou qu'on peut s'assurer, vu son
tempérament, qu'il laissera entièrement
échapper de sa mémoire, dès que, dé-
barrassé d'un gouverneur dans un âge
plus avancé, il s'abandonnera à ses propres inclinations, qui, selon toutes les

apparences, ne lui permettront pas de donner aucune partie de son temps à cultiver les langues savantes, ou à s'appliquer à aucune autre langue qu'à celles qu'un constant usage ou quelque nécessité particulière le forcera de conserver.

Cependant, pour l'amour des enfants destinés aux lettres, j'ajouterai une autre réflexion que le même auteur a jointe au passage que vous venez de voir, pour le fortifier davantage. Elle mérite d'être soigneusement considérée par tous ceux qui désirent d'être véritablement savants; et les maîtres ne peuvent mieux faire que de l'inculquer à leurs disciples, et de la leur laisser comme une règle très-propre à les diriger dans les études qu'ils feront d'eux-mêmes dans la suite. « L'étude des textes, ajoute cet « auteur (1), ne peut jamais être assez « recommandée; c'est le chemin le plus « court, le plus sûr et le plus agréable « pour tout genre d'érudition. Ayez les

____

(1) Page 223.

« choses de la première main ; puisez à
« la source ; maniez, remaniez le texte ;
« apprenez-le de mémoire ; citez-le dans
« les occasions, songez sur-tout à en
« pénétrer le sens dans toute son éten-
« due et dans toutes ses circonstances.
« Conciliez un auteur original ; ajustez
« ses principes ; tirez vous-même les
« conclusions. Les premiers commenta-
« teurs se sont trouvés dans le cas où
« je désire que vous soyez ; n'empruntez
« leurs lumières, et ne suivez leurs vues
« qu'où les vôtres seraient trop courtes ;
« leurs explications ne sont pas à vous,
« et peuvent aisément vous échapper :
« vos observations au contraire naissent
« de votre esprit, et y demeurent ; vous
« les retrouvez plus ordinairement dans
« la conversation, dans la consultation et
« dans la dispute. Ayez le plaisir de voir
« que vous n'êtes arrêté dans la lecture
« que par les difficultés qui sont invin-
« cibles, où les commentateurs et les scho-
« liastes eux-mêmes demeurent courts,
« si fertiles d'ailleurs, si abondants et
« si chargés d'une vaine et fastueuse éru-

« dition dans les endroits clairs, et qui
« ne font de peine ni à eux ni aux au-
« tres. Achevez ainsi de vous convaincre
« par cette méthode d'étudier, que c'est
« la paresse des hommes qui a encou-
« ragé le pédantisme à grossir plutôt qu'à
« enrichir les bibliothèques, à faire périr
« le texte sous le poids des commen-
« taires, et qu'elle a en cela agi contre
« soi-même et contre ses plus chers in-
« térêts, en multipliant les lectures, les
« recherches et le travail qu'elle cher-
« chait à éviter. »

Quoique cet avis ne semble intéresser
que les gens de lettres, il est d'une si
grande importance pour bien régler leur
éducation et leurs études, que j'espère
qu'on ne me blâmera point de l'avoir in-
séré ici, sur-tout si l'on considère qu'il
peut aussi être d'usage à des gentilshommes, si jamais ils ont envie de pénétrer au-delà de la simple surface des
choses, d'approfondir quelque science
particulière, et de s'en rendre maîtres.

§ CCII.

La méthode est l'ame des études.

On dit que ce qui met le plus de différence entre les hommes, c'est l'ordre et la constance. Je suis du moins fort assuré que rien n'aplanit et n'abrége tant le chemin de toute personne qui apprend quelque chose, et ne lui fait faire tant de progrès sans beaucoup de peine, qu'une bonne méthode; c'est de quoi un précepteur devrait convaincre son disciple, en l'accoutumant à suivre une méthode exacte dans toutes ses études, en lui montrant en quoi elle consiste, et quels en sont les avantages, et en lui faisant connaître les différentes espèces, tant celle où l'on descend du général au particulier, que celle où l'on va des idées particulières à celles qui sont plus générales. Il devrait aussi l'exercer dans ces deux méthodes, et lui montrer en quel cas l'une est préférable à l'autre, et à quelles fins l'une ou l'autre peut le mieux servir.

12.

Dans l'histoire il faut suivre l'ordre des temps, et dans les recherches philosophiques celui de la nature, c'est-à-dire que comme dans toute progression on passe du lieu où l'on est à celui qui suit immédiatement, de même l'esprit doit considérer les choses dans leur état le plus simple, en passant de ce qu'il connaît à ce qui vient immédiatement après, et qui est lié à ce qu'il voit déja, en avançant toujours vers le but où il a dessein de parvenir par un examen suivi de toutes les parties les moins composées dans lesquelles le sujet peut être divisé. Pour cet effet, un précepteur rendra un grand service à son disciple, s'il l'accoutume à bien distinguer, je veux dire à se former des idées distinctes de toutes les choses où l'esprit peut découvrir quelque différence réelle, et en même temps à éviter avec autant de soin des distinctions purement verbales, partout où il n'a point d'idées qui soient clairement et réellement distinctes.

SECTION XXIV.

DES EXERCICES D'UN JEUNE GENTILHOMME.

----

§ CCIII.

Quels sont les exercices que doit apprendre un jeune gentilhomme.

Outre ce qu'on peut apprendre par le moyen de l'étude et des livres, il y a d'autres choses nécessaires à un gentilhomme, qui s'apprennent par l'exercice, et auxquelles il faut qu'il donne quelque partie de son temps, suivant les directions des maîtres qu'il doit avoir pour cela.

La danse.

Comme la danse répand sur tous les mouvements du corps un certain agrément qui ne se perd jamais, et qu'elle donne sur-tout un air mâle, et une heureuse confiance qui sied très-bien aux jeunes enfants, je crois qu'on ne saurait leur enseigner trop tôt à danser, lorsqu'une fois leur âge et leurs forces peuvent le permettre. Mais n'oubliez pas d'avoir un bon maître qui se connaisse aux véritables agréments, qui sache y dresser ses écoliers et leur donner un certain air libre et dégagé qui paraisse dans toute leur démarche. Si un maître n'enseigne point cela, il vaut mieux n'en avoir point du tout; car un air purement naturel est beaucoup plus estimable que des manières ridicules et pleines d'affectation; et pour moi, je crois qu'il vaut beaucoup mieux lever le chapeau et faire la révérence comme un honnête gentilhomme de campagne, que comme un maître à danser qui est trop concerté dans ses manières: car du reste, pour ce qui est des danses particulières, je les compte pour fort peu de chose ou pour rien du tout, si ce n'est en tant qu'elles tendent à perfectionner ce bon air qui doit éclater dans toutes les actions d'une personne bien élevée.

§ CCIV.

Si un jeune homme doit apprendre la musique.

On regarde ordinairement la musique comme ayant quelque affinité avec la danse, et plusieurs personnes font grand cas de l'adresse de bien jouer de certains instruments; mais tout cela oblige un jeune homme à consumer tant de temps pour pouvoir seulement y devenir médiocrement habile, et l'engage souvent dans de si mauvaises compagnies, que bien des gens croient qu'il vaut mieux qu'il emploie son temps à autre chose; et pour moi, j'ai vu si rarement des gens de bon sens et attachés à leurs affaires s'aviser de louer ou d'estimer qui que ce soit pour exceller dans la musique, que, de tous les exercices qu'on enseigne à un jeune homme, je m'imagine qu'on peut mettre celui-ci au dernier rang. Notre vie est trop courte pour nous suffire à apprendre toutes choses, et notre esprit ne saurait être toujours attaché

à recevoir de nouvelles connaissances.
La faiblesse de notre constitution, tant
à l'égard de l'esprit que du corps, nous
oblige souvent à prendre du relâche; et
qui veut faire un bon usage d'une certaine portion de sa vie, en doit employer une bonne partie à de simples
récréations. C'est là du moins ce que
vous devez accorder aux jeunes gens,
si vous ne voulez avoir le déplaisir de
les voir bientôt dans le tombeau, ou
dans une espèce de stupidité, pour vous
être trop hâtés d'en faire de vieux bar-
bons. Je crois donc que le temps et le
travail qu'on destine à des occupations
sérieuses, devraient être employés aux
choses les plus utiles et les plus importantes, selon la méthode la plus aisée et
la plus courte qu'il est possible de trouver; et en fait d'éducation, ce ne serait
peut-être pas un petit secret que de
pouvoir faire en sorte que les exercices
du corps et de l'esprit servissent mutuellement de récréation les uns aux autres.
Je suis même persuadé qu'un habile
homme qui examinerait avec soin le

tempérament et l'inclination de son élève,
réussirait en partie dans cette entreprise;
car un enfant qui est las d'étudier ou de
danser, ne désire pas pour cela d'aller
dormir tout aussitôt, mais de faire quelque autre chose qui puisse le divertir
et lui donner du plaisir. Mais on doit
toujours se ressouvenir qu'une chose
qu'on ne fait pas avec plaisir, ne peut
jamais servir de divertissement.

§ CCV.

*Si un gentilhomme doit apprendre à
faire des armes et à monter à cheval.*

On tient pour une chose si essentielle
à l'éducation d'un gentilhomme de savoir faire des armes et de bien monter
à cheval, qu'on s'imaginerait que j'au-
rais fait une grosse faute d'omission, si
je négligeais d'en parler. La dernière de
ces deux choses ne s'apprenant d'ordinaire que dans les grandes villes, c'est
un des meilleurs exercices qu'on puisse
faire pour la santé: car comme les plaisirs et le luxe dominent dans ces lieux-

là; il est fort à propos qu'un jeune gentilhomme emploie une partie convenable de son temps à cet exercice pendant le séjour qu'il y fera; et tant que cet exercice sert à instruire un cavalier à se bien tenir à cheval et d'une manière libre et dégagée, à lui enseigner le moyen de dresser son cheval, à s'arrêter, à tourner promptement et à être bien assis sur les hanches, jusque-là il est utile à un gentilhomme, et dans la paix, et dans la guerre. Mais de savoir s'il est assez important pour mériter qu'un jeune homme s'en fasse une affaire, et qu'il y emploie plus de temps qu'il n'en devrait employer, par intervalles, à ces sortes d'exercices violents purement pour le bien de sa santé, c'est ce que je laisse à déterminer aux parents et aux gouverneurs qui doivent toujours se ressouvenir que dans tout ce qui regarde l'éducation des enfants, il faut donner plus de temps et d'application à ce qui paraît être d'une plus grande conséquence, et d'un plus fréquent usage dans le cours ordinaire de la vie, par rapport à la profession à laquelle un jeune homme est destiné.

§ CCVI.

Pour ce qui est de faire des armes, cet exercice me paraît utile à la santé, mais dangereux pour la vie. Comme l'habileté qu'on croit y avoir acquise est propre à engager dans des querelles ceux qui dès-là s'imaginent de savoir bien manier l'épée, et à les rendre plus sensibles qu'il ne faudrait au point d'honneur dans des occasions de peu d'importance, les jeunes gens, dans le premier feu de leur âge, sont portés à croire qu'ils auraient appris en vain à faire des armes, s'ils ne montraient jamais leur adresse et leur courage dans un duel, et cela avec quelque apparence de raison. Mais combien de sanglantes tragédies cette belle raison n'a-t-elle pas produites! Les larmes de plusieurs mères en sont une triste preuve. Un homme qui ne sait pas faire des armes prendra plus de soin d'éviter les compagnies de ces gens fougueux et débauchés qui sont toujours prêts à se quereller; et il ne sera pas la moitié si porté à relever des vétilles, ni à faire des affronts à personne, ou à se justifier fièrement lorsqu'il aura effectivement choqué quelqu'un, ce qui est la cause ordinaire des querelles. D'ailleurs, lorsqu'un homme est sur le pré pour se battre en duel, une adresse médiocre à manier le fleuret l'exposera plutôt aux coups de son ennemi, qu'elle ne servira à l'en garantir; et certainement un homme de cœur qui ne saurait point du tout faire des armes, et qui remettrait toute l'affaire à un seul coup qu'il pousserait vigoureusement à son ennemi, sans s'amuser à parer, un tel homme aurait l'avantage sur un bréteur médiocrement habile, et principalement s'il était adroit à la lutte. Si donc il faut prendre quelque précaution contre de pareils accidents, et qu'un père doive disposer son fils à se défendre dans des duels, j'aimerais beaucoup mieux que mon fils fût bon lutteur, que s'il avait une adresse médiocre à faire des armes, qui est tout ce qu'un gentil-

homme peut acquérir pour le plus, à
moins qu'il ne veuille être incessamment dans une salle d'armes, et y manier
le fleuret tous les jours. Mais puisqu'en
général on regarde comme une qualité
si nécessaire à un gentilhomme bien
élevé, de savoir faire des armes et monter à cheval, il y aurait de la dureté à
refuser entièrement à un jeune homme
de ce rang ces marques de distinction.
Je laisserai donc à un père le soin d'examiner combien le tempérament de son
fils et le poste qu'il doit occuper dans
le monde lui permettent ou l'obligent
de s'accommoder à des usages qui, étant
très-peu nécessaires dans la vie civile,
étaient inconnus autrefois aux nations
les plus belliqueuses, et ne semblent
pas avoir augmenté de beaucoup la force
ou le courage des peuples qui les ont
adoptés, à moins qu'on n'aille se figurer
que la valeur martiale s'est accrue par
le moyen des duels, avec lesquels l'art
de faire des armes s'est introduit dans
le monde, et avec lesquels j'espère qu'il
en sortira.

§ CCVII.

Voilà ce que j'ai pensé sur les études et sur les exercices d'un jeune gentil-homme. Le point le plus important de tous, c'est qu'il ait de la vertu et de la prudence, car, comme a très-bien dit un ancien poëte :

Semita certè
Tranquillæ per virtutem patet unica vitæ.
Nullum nomen abest si sit prudentia (1).

« Ce n'est que par le moyen de la « vertu qu'on peut vivre tranquillement « dans ce monde, et rien ne manque « à un homme véritablement prudent. »

Apprenez donc à votre enfant à réprimer ses inclinations, et à soumettre ses désirs à l'empire de la raison. Cette coutume ayant gagné le dessus dans son esprit, et s'étant changée en habitude par une constante pratique, le plus difficile de l'affaire est fait. Pour ce qui est des moyens dont on peut se servir pour conduire un jeune homme jusque-

______

(1) *Juvenalis*, sat. X, 365.

là, je n'en connais point de plus propre
que le désir d'être loué et estimé, désir
qu'on devrait lui inspirer par toutes
sortes de voies. Tâchez donc de le rendre sensible à l'honneur et à la honte
autant qu'il est possible; et, ce point
une fois gagné, vous pouvez compter
que vous aurez mis en lui un principe
qui aura de l'influence sur ses actions,
lors même que vous ne serez point auprès de lui; un principe qui fera beaucoup plus d'impression sur son esprit,
que la crainte de la verge dont la douleur se dissipe en peu de temps; un principe enfin, qui sera comme le tronc où
vous pourrez dans la suite enter les véritables principes de la morale et de la
religion.

SECTION XXV.

QUEL MÉTIER DEVRAIT APPRENDRE UN ENFANT
DE BONNE MAISON.

§ CCVIII.

*Un gentilhomme doit apprendre un
métier.*

J'AI une autre chose à ajouter que je
n'aurai pas plutôt proposée, que je dois
craindre qu'on ne s'imagine que j'ai oublié le sujet de cet ouvrage, et ce que
j'ai dit ci-dessus, qu'en traitant de l'éducation, je n'avais dessein de parler que
de ce qui regarde la profession d'un gentilhomme, avec laquelle un métier semble être tout-à-fait incompatible; et cependant je ne saurais m'empêcher de
dire que je crois qu'un gentilhomme devrait apprendre un métier, j'entends un

métier mécanique qui a besoin du travail de la main; je serais même d'avis qu'il en apprît deux ou trois, mais un seul plus particulièrement.

§ CCIX.

Et pourquoi.

Comme l'on doit toujours tourner l'humeur agissante des enfants vers quelque objet qui puisse leur être utile, on peut ici avoir égard à deux sortes d'utilités. Il faut considérer, en premier lieu, si l'habileté qu'on acquiert par l'exercice, est estimable en elle-même. Cela posé, les langues et les sciences ne sont pas les seules choses dignes de l'application des hommes : l'art de peindre, de tourner, de jardiner, de tremper le fer, et de le travailler; en un mot, tous les arts utiles à la société méritent aussi qu'on s'y rende habile. On peut examiner outre cela si l'exercice, considéré purement en lui-même, n'est pas nécessaire ou utile à la santé. Il y a certaines choses dont la connaissance est si néces

saire aux enfants tandis qu'ils sont jeunes,
qu'ils doivent employer une partie de
leur temps à les apprendre, quoique ces
occupations ne contribuent point du
tout à leur santé; tel est le soin de lire
et d'écrire, et toutes leurs autres études
sédentaires, qui ne tendent qu'à perfectionner l'esprit, et dont on ne peut
dispenser des enfants de bonne maison,
dès qu'ils sont en état de s'y appliquer.
Mais il y a des métiers qu'on apprend
et qu'on pratique en faisant usage des
forces du corps, et qui, par cet exercice, contribuent, non-seulement à nous
rendre plus adroits, mais aussi plus sains
et plus vigoureux; de ce nombre sont
sur-tout ceux qu'on est obligé d'exercer
en plein air. C'est donc quelques-uns de
ces métiers qu'on devrait choisir pour
les faire servir de divertissement aux enfants qui doivent employer la meilleure
partie de leur temps à l'étude. Mais dans
ce choix il faut avoir égard à leur âge
et à leur inclination particulière, et éviter toujours avec un grand soin de les
obliger à s'y appliquer contre leur gré;

car l'autorité et la force peuvent souvent produire l'aversion, mais elles ne peuvent jamais la guérir. Ainsi, quelle que soit la chose à laquelle on est forcé de s'occuper, on y renoncera dès qu'on pourra; et dans le temps même qu'on s'y appliquera, l'on en recueillera fort peu de fruit, et l'on y trouvera encore moins de plaisir.

§ CCX.

Si un enfant de bonne maison doit apprendre à peindre.

De tous les arts la peinture serait celui qui me plairait le plus, sans une ou deux raisons auxquelles il n'est pas aisé de répondre. Premièrement rien n'est plus insupportable que de mal peindre; et l'on est obligé de donner trop de temps à cet art, pour y devenir médiocrement habile. Si un jeune gentilhomme a naturellement de l'inclination à la peinture, il est à craindre qu'il ne néglige toutes ses autres études plus utiles, pour s'y appliquer tout entier; et s'il n'y a point d'inclination, il faut compter pour perdus le temps, la peine et l'argent qu'il y emploiera. L'autre raison qui fait que je ne suis pas d'avis qu'un gentilhomme s'amuse à la peinture, c'est que c'est un divertissement sédentaire qui donne plus d'exercice à l'esprit qu'au corps. L'étude doit être, selon moi, l'occupation la plus sérieuse d'un gentilhomme; et lorsqu'il est obligé de quitter l'étude pour prendre un peu de repos et de rafraîchissement, il devrait faire quelque exercice corporel, qui fût propre à donner du relâche à l'esprit, à fortifier la santé, et à rendre le corps plus vigoureux. Voilà les deux raisons qui m'empêchent de mettre la peinture au nombre des divertissements d'un gentilhomme.

§ CCXI.

Métiers convenables à un gentilhomme.

S'il faut, après cela, que je propose mon sentiment sur cette matière, je dirai qu'un gentilhomme qui demeure à la campagne devrait s'exercer au jardinage, et à travailler en bois, comme à la charpenterie, à la menuiserie, ou au tour ; toutes occupations qui peuvent contribuer au divertissement et à la santé d'un homme qui étudie ou qui s'applique aux affaires. Comme l'esprit n'a pas la force de s'attacher toujours à un même objet, et que les personnes qui demeurent ordinairement chez elles, ou qui s'appliquent à l'étude, doivent faire quelque chose qui puisse leur divertir l'esprit, et exercer le corps en même temps, je ne connais aucun exercice qui convienne mieux à un gentilhomme de campagne, que ces deux-là, dont l'un peut l'occuper lorsque la saison ne lui permet pas de s'attacher à l'autre. Outre que, s'il entend bien le jardinage, il pourra conduire son jardinier, et lui donner de bons avis ; et, en s'exerçant à travailler en bois, il pourra inventer et faire plusieurs choses agréables et utiles tout ensemble. Je ne propose pas cette dernière considération comme la fin principale qu'il doit se prescrire dans son travail, mais comme un motif propre à l'y engager; car ce que j'ai sur-tout en vue dans cette affaire, c'est de le divertir de ses autres occupations plus sérieuses, par le moyen de quelque exercice corporel, qui soit utile en lui-même, et avantageux à sa santé.

§ CCXII.

L'agriculture en grand crédit chez les anciens.

Parmi les anciens, les plus grands hommes savaient fort bien accorder le travail de la main avec les affaires d'État; et ils ne croyaient point ravaler leur dignité en se délassant de l'une de ces occupations par le moyen de l'autre. Mais il semble qu'ils ont plus généralement employé leurs heures de loisir à l'agriculture. C'est ainsi que Gédéon parmi les juifs, et Cincinnatus parmi les Romains, furent chargés du commandement des armées de leur pays; le premier tiré de l'aire où il battait du blé, et l'autre de sa charrue labourant ses terres lui-même; et il est visible que leur adresse à se servir du fléan, ou à conduire la charrue, ne les empêcha pas de bien manier les armes, et ne les rendit pas moins habiles dans l'art de la guerre, ou du gouvernement. Caton le censeur (1), qui avait exercé avec beaucoup de réputation toutes les charges les plus importantes de la république, nous a laissé par écrit (2) une preuve de son habileté dans les choses rurales; et, autant qu'il m'en souvient, Cyrus (3) était

----

(1) *Marcus Porcius Cato.*

(2) Dans ses livres *de re rusticâ*, etc.

(3) C'est Cyrus le jeune, frère d'Artaxerxès-Mnémon. Il ne fut jamais roi des Perses, quoique Cicéron l'appelle ainsi dans son livre *de la Vieillesse.* Son père le fit satrape de la Lydie, de la grande Phrygie et de la Cappadoce, comme nous l'apprend Xénophon dans son histoire *de la Retraite des Dix Mille*: Παρεπέμφθη ὑπὸ τοῦ πατρὸς σατράπης Λυδίας τε καὶ Φρυγίας τῆς μεγάλης καὶ Καππαδοκίας. Xénophon lui donne pourtant le titre de roi dans son livre *de l'Économie*, d'où a été tirée cette particularité dont parle ici M. Locke, mais que sa mémoire ne lui a pas représentée fidèlement, car Xénophon ne dit pas que Cyrus lui montra son jardin à lui-même,

si éloigné de regarder le jardinage comme
une chose qui fût au-dessous de la ma
jesté et de la grandeur du trône, qu'il

---

mais à Lysander, à qui il dit qu'il avait fait lui-
même tous les compartiments, qu'il avait rangé
tous les arbres comme il voyait, et qu'il en avait
même planté quelques-uns de sa propre main :
ταῦτα τοίνυν, ὦ Λύσανδρε, ἐγὼ πάντα καὶ διεμέτρησα καὶ
διέταξα· ἔτι δὲ αὐτῶν φάναι ὃ καὶ ἐφύτευσ' αὐτός. Ch. IV.
Des gens qui concluraient de ce que Cicéron donne
à ce Cyrus le titre de roi des Perses, qu'il a effectivement régné sur cette nation, pourraient aisément le confondre avec Cyrus, fondateur de la
monarchie des Perses, ce qui serait un étrange
anachronisme.

Si M. Locke n'a pas confondu le Jeune Cyrus,
frère d'Artaxerxès, avec Cyrus le premier empereur des Perses, il est du moins très-certain qu'il
a cru que ce prince avait effectivement régné sur
les Perses aussi bien que Cyrus, fondateur de cette
vaste monarchie. Il l'avait dit si positivement, que
je l'avertis, peu de jours avant sa mort, de cette
méprise, dont il pouvait se convaincre lui-même
en jetant les yeux sur la description de la bataille
que le jeune Cyrus livra à son frère pour le détrô-
ner, et dans laquelle il perdit actuellement la vie,
comme Xénophon, qui combattit pour Cyrus dans
cette bataille, nous l'apprend dans son admirable

montra à Xénophon un grand jardin dont il avait lui-même planté tous les arbres. S'il était nécessaire de vous prou-

---

histoire de la *Retraite des Dix Mille*. Soit que M. Locke eût oublié ce que je lui avais dit, ou qu'il ne trouvât pas à propos de s'en rapporter à moi, il ne changea rien dans cet endroit. Peu de temps après sa mort, quelqu'un m'ayant appris qu'on allait réimprimer en anglais ce traité de l'Éducation, je lui fis voir la méprise de M. Locke, par rapport au jeune Cyrus, qu'il supposait avoir été élevé sur le trône des Perses. Convaincu par mes raisons, il effaça cette circonstance dans la copie (*) qui devait servir à la réimpression de cet ouvrage ; mais comme il reste encore quelque équivoque dans l'expression de M. Locke, et que bien des gens pourraient encore en conclure que le jeune Cyrus avait régné actuellement sur les Perses, je me suis cru obligé de donner ce petit éclaircissement, pour empêcher qu'on ne se charge la mémoire d'un fait nettement démenti par un témoi-

(*) De l'édition publiée en 1699, la dernière qui ait paru du vivant de M. Locke, où M. Locke disait en termes exprès, page 365, *Cyrus when possess'd of the Persian trone*, c'est-à-dire, *Cyrus dans le temps qu'il était en possession du trône de Perse*, *etc.* Ce que M. Locke disait là en termes propres et nullement équivoques, fait voir clairement ce qu'il a voulu dire immédiatement après.

ver l'utilité de ces sortes de divertissements par des exemples, il serait aisé
de vous satisfaire; car l'histoire ancienne,
tant des juifs que des gentils, en est
pleine.

§ CCXIII.

Comment les métiers peuvent servir de divertissement.

Ne vous imaginez pas au reste que
c'est par mégarde que je donne le nom
de divertissement à ces exercices et à
tels autres métiers qui ont besoin du
travail de la main; car, comme chacun
peut le remarquer, le divertissement ne
consiste pas à être sans rien faire, mais
à dissiper son ennui par un changement
d'occupation; que si quelqu'un se figure
qu'on ne saurait trouver du plaisir dans
un travail rude et pénible, il a oublié à
combien de fatigues s'exposent les chas-
seurs, qu'ils se lèvent de bon matin,

---

guage si authentique qu'il ne peut être révoqué en
doute par le plus obstiné partisan du pyrrhonisme
historique.

qu'ils endurent le froid, le chaud et la faim, quoique ce pénible exercice fasse, comme on sait, le divertissement ordinaire des personnes de la plus haute qualité. Les hommes trouveraient un aussi grand sujet de divertissement à bêcher, à creuser la terre, à planter, à enter, et à telles autres occupations, utiles en elles-mêmes, qu'à aucun des jeux frivoles qui sont en usage dans le monde, s'ils pouvaient une fois se plaire à ces sortes d'exercices, que la coutume et un peu d'habileté leur rendraient sans doute agréables en peu de temps; et je suis assuré que bien des gens qui sont souvent invités à jouer aux cartes ou à quelque autre jeu par des personnes à qui ils ne sauraient rien refuser, se sont plus ennuyés à ces sortes de divertissements, qu'ils n'auraient fait s'ils se fussent appliqués à l'une des plus sérieuses occupations de la vie, quoique d'ailleurs ils n'aient aucune aversion naturelle pour ces jeux-là, et qu'ils soient même bien aises de s'y divertir quelquefois.

13.

§ CCXIV.

Le jeu, à quoi les personnes de qualité, et sur-tout les dames, perdent tant de temps, est pour moi une preuve évidente que les hommes ne sauraient vivre dans une parfaite oisiveté. Il faut nécessairement qu'ils s'appliquent à quelque chose ; car sans cela comment pourraient-ils donner tant d'heures à une telle occupation, qui, généralement parlant, cause plus de chagrin que de plaisir dans le temps qu'on y est actuellement engagé? D'ailleurs quiconque réfléchit un peu sur le jeu, après qu'il est fini, s'aperçoit infailliblement qu'il ne laisse aucune satisfaction après lui. Il n'est pas moins certain qu'il ne procure jamais aucun avantage ni au corps, ni à l'esprit. Pour ce qui est du bien, si l'on joue si gros jeu qu'on risque de s'incommoder, le jeu n'est plus un divertissement, mais un trafic auquel peu de personnes qui ont de quoi vivre d'ailleurs font leurs affaires ; et ce n'est tout au plus qu'un misérable métier pour ceux qui y font de gros gains, puisqu'ils ne remplissent leur bourse qu'aux dépens de leur réputation.

Les divertissements ne sont pas destinés pour des gens qui vivent sans rien faire, et qui ne sont pas fatigués et épuisés par l'exercice de leurs emplois. Pour mettre à profit nos divertissements, le grand secret serait d'employer nos heures de récréation de telle sorte que, le divertissement servant à nous délasser, nous fissions pourtant des choses qui, outre le plaisir et le rafaîchissement présent, nous procurassent quelque utilité pour l'avenir. Tous ces amusements frivoles et dangereux, qu'on nomme *passe-temps*, ne doivent la vogue où nous les voyons, qu'à la vanité que la grandeur et les richesses ont inspirée aux hommes. C'est ce fol orgueil qui leur a mis dans l'esprit qu'étudier, ou faire de la main quelque chose d'utile, ne saurait être un divertissement digne d'un gentilhomme. C'est là ce qui a donné tant de crédit dans le monde aux cartes, aux dés et à la débauche ; car il y a bien des gens qui emploient leurs heures de loisir plutôt par coutume, et pour ne pouvoir passer le temps à quelque chose de meilleur, que pour aucun plaisir réel qu'ils y trouvent. Comme ils ne peuvent supporter le pénible fardeau d'une entière et parfaite oisiveté, et qu'ils n'ont appris aucun métier honnête auquel ils puissent se divertir, ils ont recours, pour passer le temps, à ces amusements frivoles ou criminels qui sont en usage dans le monde, et auxquels un homme raisonnable, qui n'aurait pas été gâté par la coutume, ne pourrait prendre que fort peu de plaisir.

§ CCXV.

Je ne veux pas dire par là qu'un jeune homme de bonne maison dût se priver des plaisirs innocents qu'ont accoutumé de goûter ceux de son âge et de sa condition. Bien loin d'approuver qu'il soit d'une humeur si réservée et si austère, je voudrais lui persuader d'entrer, avec une complaisance extraordinaire, dans tous les plaisirs et dans tous les divertissements de ceux qu'il fréquente, et de ne faire paraître aucun éloignement ni aucune répugnance pour quoi que ce soit qu'ils puissent desirer de lui, pourvu que ce soient des choses qu'un gentilhomme et un honnête homme puissent faire avec bienséance. Quoiqu'à l'égard des cartes et des dés le plus sûr et le meilleur parti, c'est, à mon avis, de n'apprendre jamais à y jouer en aucune manière, afin d'être par là à l'abri de toutes tentations dangereuses de perdre malheureusement son temps. Mais je soutiens qu'un jeune homme à qui on laissera une entière liberté de se réjouir avec ses amis, et de prendre tous les honnêtes divertissements autorisés par l'usage, aura encore assez de temps pour apprendre quelque métier passablement bien. Ce n'est pas faute de temps, mais faute d'application, que nous ne sommes pas experts en plus d'un art; et il est certain qu'un homme qui emploierait réglément une heure par jour à cette espèce de divertissement, irait en peu de temps beaucoup plus loin qu'il ne pourrait se l'imaginer lui-même. C'est un usage qui mériterait d'être introduit, quand ce ne serait que pour décréditer tant de passe-temps ordinaires, mauvais en eux-mêmes, inutiles et dangereux, et pour faire voir qu'on peut bien s'en passer. Si l'on empêchait les hommes, dès leur jeunesse, de s'abandonner à cette molle nonchalance dans laquelle quelques-uns laissent écouler inutilement une bonne partie de leur vie sans s'attacher à rien de sérieux, ou même de divertissant, ils trouveraient assez de temps pour se rendre habiles en bien des choses qui, quoique éloignées de leur véritable profession, n'y seraient pourtant pas entièrement contraires. Ainsi je crois pour cette raison, et pour d'autres que j'ai déja alléguées, qu'une des choses qu'on doit le moins souffrir et permettre dans les jeunes gens, c'est cette humeur paresseuse et négligente où ils s'abandonnent en laissant écouler des jours entiers sans rien faire. Cet état convient à un homme malade et indisposé; mais hors de là il n'est supportable en aucune personne, de quelque âge ou de quelque condition qu'elle soit.

§ CCXVI.

Aux métiers que j'ai dit qu'on peut apprendre à un jeune gentilhomme, on peut ajouter ceux de *parfumeur*, de *vernisseur*, de *graveur*, et plusieurs sortes d'ouvrages en fer, en cuivre et en argent ; que s'il passe une bonne partie de son temps dans une grande ville, ce qui arrive à la plupart des jeunes gens de bonne maison, on peut lui enseigner à tailler, à polir et à enchâsser des pierres précieuses, ou à tourner et polir des verres optiques. Parmi une si grande diversité d'arts mécaniques qui méritent d'occuper le loisir d'un honnête homme, il est impossible qu'il ne s'en trouve aucun qui lui plaise, à moins qu'il ne soit paresseux ou débauché, ce qu'on ne doit pas supposer s'il a été bien élevé. Or, comme il ne saurait être toujours attaché à l'étude, à la lecture et à la conversation, il lui restera, outre le temps qu'il donnera à ses exercices, plusieurs heures dont il fera un mauvais usage, s'il ne les emploie pas à quelqu'un de ces métiers dont je viens de parler ; car je suppose toujours qu'un jeune homme souhaitera rarement de demeurer les bras croisés sans rien faire ; et s'il est effectivement de cette humeur, c'est un défaut qui doit être corrigé nécessairement.

SECTION XXVI.

SI UN JEUNE HOMME DE BONNE MAISON DOIT APPRENDRE A TENIR LES LIVRES DE COMPTE.

§ CCXVII.

Un gentilhomme doit apprendre à tenir les livres de compte.

Mais si les parents, par une prévention peu raisonnable, s'effraient au nom odieux de métier et d'art mécanique, et qu'ils aient de la répugnance à voir leurs enfants s'occuper à quoi que ce soit de cette espèce, il y a pourtant une chose qui fait partie du négoce, dont ils conviendront que la connaissance est absolument nécessaire à leurs enfants, s'ils l'examinent avec soin. Je veux parler de l'art de tenir les livres de compte.

Quoique, selon toutes les apparences, cette connaissance ne soit pas nécessaire à un gentilhomme pour acquérir du bien, cependant il n'y a peut-être rien qui contribue davantage à lui faire conserver ce qu'il possède. On voit rarement qu'une personne qui tient compte de ses revenus et de sa dépense, et qui par ce moyen a toujours devant les yeux l'état de ses affaires domestiques, les laisse aller en ruine. Mais je suis assuré que, pour n'avoir pas le soin ou l'adresse de tenir des comptes exacts, bien des gens se trouvent mal dans leurs affaires avant que de s'en apercevoir, ou les laissent dépérir de plus en plus, lorsqu'une fois le désordre a commencé de s'y mettre. Je conseillerais donc à toute personne de bonne maison d'apprendre exactement à tenir les livres de compte, et de ne pas se mettre dans l'esprit que cela ne les regarde point, sous prétexte que c'est parmi les marchands que cet art a pris naissance, et que c'est parmi eux qu'il est principalement en usage.

§ CCXVIII.

Lorsque notre jeune élève saura bien tenir les livres de compte (ce qui dépend plus du bon-sens que de l'arithmétique), il ne sera peut-être pas mal que son père exige de lui qu'à l'avenir il fasse usage de cette science dans toutes ses petites affaires. Je ne voudrais pourtant pas qu'il mît par écrit tout ce qu'il dépenserait, article par article, comme une pinte de vin dix sous, vingt sous perdus au jeu, etc. Il suffit de mettre ces petites choses sous le nom général de dépense, et je ne serais pas d'avis non plus que son père examinât de trop près ces sortes de comptes, pour en prendre occasion de blâmer les dépenses qu'il fait. Un père doit se ressouvenir qu'il a été jeune, et ne pas oublier les sentiments qu'il avait dans ce temps-là, ni le droit que son fils a de sentir les mêmes desirs, et d'avoir le moyen de les satisfaire. Si donc je conseille d'obliger un jeune gentilhomme à tenir un compte, ce n'est pas d'avoir par là sujet de le censurer

sur ses dépenses (car il doit disposer absolument de ce que son père lui donne),
mais seulement afin qu'il puisse s'accoutumer bientôt à cela, et qu'ainsi il se
fasse de bonne heure une habitude d'une
chose dont la constante pratique doit lui
être si utile et si nécessaire durant tout
le cours de sa vie. On raconte d'un noble *Vénitien*, dont le fils ne gardait aucune mesure dans ses dépenses, jetant,
pour ainsi dire, l'argent par les fenê-
tres, que, voyant augmenter tous les
jours cette folle prodigalité, il ordonna
à son intendant de ne pas donner à l'a-
venir plus d'argent à son fils que ce que
son fils en compterait lui-même en le
recevant. Quelqu'un s'imaginera que ce
n'était pas là un expédient fort propre à
modérer les dépenses d'un jeune gentilhomme, qui par là pouvait avoir aisément autant d'argent qu'il en demande-
rait. Cependant cette peine imposée à un
jeune homme qui n'était accoutumé qu'à
songer à se divertir, le jeta dans un fort
grand embarras qui se termina enfin par
cette sage et solide réflexion : *Si c'est*

une chose si pénible pour moi de comp-
ter simplement l'argent que je veux dé-
penser, quel soin et quelle peine mes
ancêtres ne doivent-ils pas avoir pris,
non-seulement pour le compter, mais
pour le gagner! Une pensée si raisonnable lui étant venue à l'occasion de ce
petit soin qu'on exigeait de lui, fit une
si forte impression sur son esprit, qu'ayant
commencé dès-lors à être plus sage et
plus retenu dans ses dépenses, il devint
très-économe. Quoi qu'il en soit, tout
le monde doit convenir qu'il n'y a rien
qui doive vraisemblablement obliger un
homme à bien ménager son bien, que
d'avoir incessamment devant les yeux
l'état de ses affaires dans des comptes
exacts et bien suivis.

SECTION XXVII.

POURQUOI ET EN QUEL TEMPS ON DOIT FAIRE
VOYAGER LES JEUNES GENS.

§ CCXIX.

Si un jeune Gentilhomme doit voyager.

La dernière chose à laquelle on songe ordinairement dans l'éducation d'un jeune gentilhomme, c'est *à le faire voyager*. On croit communément que c'est par là qu'on peut mettre la dernière main à cet important ouvrage, et rendre un jeune homme entièrement accompli. J'avoue que les voyages dans des pays étrangers sont d'une fort grande utilité; mais je crois que le temps qu'on choisit d'ordinaire pour envoyer les jeunes gens hors de chez eux, est cause, entre autres choses, qu'ils sont moins en état de pro-

fiter de leurs voyages. Tous les avantages qu'on se propose dans cette occasion, peuvent se réduire à ces deux, qui
sont les plus importants : le premier
consiste à apprendre des langues étrangères, et l'autre à se rendre plus sage
et plus prudent, en conversant avec des
hommes et des peuples qui n'ont ni le
même tempérament ni les mêmes mœurs,
et qui sur-tout diffèrent par tous ces endroits des personnes de sa paroisse et
de son voisinage. Mais depuis seize ans
jusqu'à vingt, qui est le temps qu'on
emploie d'ordinaire à faire voyager les
jeunes gens, c'est précisément alors qu'ils
sont moins propres que jamais à recueillir ce double fruit de leurs voyages. Le
véritable temps pour apprendre des langues étrangères, et pour s'accoutumer à
les prononcer comme il faut (1), devrait

____

(1) Montaigne a dit à-peu-près la même chose.
Après avoir remarqué que « la visite des pays étran-
« gers est fort propre pour l'instruction d'un jeune
« enfant, non pour en rapporter seulement, à la
« mode de notre noblesse française, combien de

être, à mon avis, depuis sept ans jusqu'à quinze ou seize; et alors il est nécessaire et utile à des jeunes gens de cet âge-là d'avoir auprès d'eux un gouverneur qui avec ces langues puisse leur enseigner d'autres choses. Mais de les retirer d'auprès de leurs parents pour les envoyer dans des lieux éloignés sous la conduite d'un gouverneur, dans le temps que, se croyant hommes faits, ils s'imaginent n'avoir plus besoin de gouverneur, quoique dans le fond ils n'aient ni assez de prudence ni assez d'expé-

---

« pas a santa Rotonda, où la richesse des caleçons
« de la Signora Livia, ou comme d'autres, com-
« bien le visage de Néron de quelque vieille ruine
« de là est plus long ou plus large que celui de
« quelque pareille médaille ! mais pour en rappor-
« ter principalement les humeurs de ces nations
« et leurs façons, et pour frotter et limer nostre
« cervelle contre celle d'autrui. » Il ajoute : « Je
« voudrais qu'on commençât à le promener dès sa
« tendre enfance ; et premièrement, pour faire
« d'une pierre deux coups, par les nations voisines,
« où le langage est plus éloigné du nostre, et au-
« quel, si vous ne le formez de bonne heure, la
« langue ne peut se plier. » *Essais*, l. I, c. XXV.

rience pour se conduire eux-mêmes,
c'est les exposer aux plus grands dangers
qu'ils puissent courir dans tout le cours
de leur vie, lorsqu'ils sont le moins en
état de les éviter. Avant qu'un enfant ait
atteint cet âge pétulant et plein de feu,
un gouverneur pourra prendre quelque
autorité sur lui. On peut compter que
jusqu'à l'âge de quinze ou seize ans, il
se laissera conduire à son gouverneur
malgré la rudesse de son tempérament
et l'impression que l'exemple des autres
enfants pourrait faire sur son esprit. Mais
ensuite, lorsqu'il commence à fréquenter des personnes faites, et s'imaginer
qu'il leur ressemble entièrement; lorsqu'il vient à se plaire aux vices des hommes, à s'en faire honneur, et à se figurer qu'il lui serait honteux d'être plus
long-temps soumis à la censure et à la
conduite d'autrui, que peut-on espérer
des soins d'un gouverneur, quelque soigneux et prudent qu'il soit, dans ce
temps-là, dis-je, qu'il n'a pas le pouvoir
de contraindre son élève à lui obéir; et
que son élève, peu disposé à se laisser

persuader par ses raisons, est entraîné par la fougue de son tempérament et par le torrent de la coutume, à suivre l'exemple de ses camarades qui ne sont pas plus sages que lui, bien loin d'écouter les sages conseils de son gouverneur qu'il ne regarde plus que comme l'ennemi de sa liberté? Et quand est-ce, je vous prie, qu'un homme est plus en danger de se perdre que lorsqu'il est intraitable et sans expérience? C'est là sans doute le temps de sa vie où il a le plus de besoin d'être sous la conduite de ses parents et de ses amis. Dans la première jeunesse l'homme est moins exposé et plus aisé à gouverner à cause de la souplesse de son tempérament; et après qu'il a passé cet âge où les passions sont, pour ainsi dire, sur le trône, la raison et la prudence commencent un peu à prendre le dessus dans son esprit, et à lui ouvrir les yeux sur ses véritables intérêts. Ainsi le temps qui me paraîtrait le plus propre pour envoyer un jeune homme hors de son pays, c'est, ou lorsqu'il serait fort jeune en le mettant en-

tre les mains d'un gouverneur, le plus
capable de cet emploi qu'on pourrait
trouver; ou bien lorsqu'il serait un peu
plus âgé sans lui donner aucun gouverneur; lors, dis-je, qu'il serait en âge de
se gouverner lui-même, et d'observer ce
qu'il trouverait dans les pays étrangers,
qui serait digne de remarque, et dont
la connaissance pourrait lui être utile
après son retour dans sa patrie; et qu'é-
tant bien instruit des lois, des coutumes,
des avantages et des défauts naturels et
civils de son propre pays, il pourrait
donner quelque chose en échange aux
étrangers de la conversation desquels il
espérerait recueillir quelques lumières.

§ CCXX.

C'est, je crois, faute de prendre ces
précautions, qu'il arrive que tant de jeunes gentilshommes retirent si peu de
fruit de leurs voyages. Que s'ils reviennent chez eux avec quelque connaissance des lieux et des peuples qu'ils ont
vus, ils n'en rapportent souvent autre
chose que l'admiration des plus mauvai-

ses et des plus frivoles modes qu'ils aient rencontrées dans les pays étrangers, conservant le goût et le souvenir des objets qui ont d'abord captivé leur liberté, plutôt que de ce qui pourrait les rendre meilleurs et plus sages après leur retour dans leur patrie. Et le moyen, je vous prie, que cela arrive autrement, lorsqu'ils voyagent à l'âge qu'ils ont accoutumé de faire sous la conduite d'un gouverneur qui pourvoit à leurs nécessités, et qui fait des observations pour eux? Avec un tel guide, se croyant dispensés d'agir par eux-mêmes, ou de répondre de leurs déportements, ils s'avisent rarement de s'embarrasser d'aucune recherche, ou de faire des remarques qui soient de quelque utilité. Leurs pensées sont toutes tournées du côté du jeu et des plaisirs; et ils prennent pour un affront d'en être blâmés. Ils ne s'appliquent presque jamais à examiner les desseins des personnes qu'ils voient; à observer leurs démarches, leurs artifices, leurs humeurs et leurs inclinations, afin de pouvoir régler sur cet examen la manière dont ils doivent se comporter avec eux. En ce cas-là celui qui voyage avec eux est leur grande ressource, pour les tirer d'affaire lorsqu'ils se sont jetés eux-mêmes dans quelque embarras, et pour répondre pour eux, quelque faux pas qu'ils fassent.

§ CCXXI.

J'avoue que la connaissance des hommes est l'effet d'une si grande habileté, qu'un jeune homme ne saurait y être consommé tout d'un coup; mais cependant les voyages qu'il fait dans les pays étrangers ne lui sont pas fort utiles, s'ils ne servent un peu à lui ouvrir les yeux, à le rendre circonspect et retenu, à l'accoutumer à pénétrer au-delà de l'écorce et des simples apparences; et enfin à conserver, à la faveur d'une conduite civile et obligeante, une honnête liberté avec les étrangers et avec toute sorte de personnes, sans perdre leur estime. Un jeune homme qui commence à voyager dans un âge raisonnable, et dans le dessein de profiter, peut s'entretenir et faire connaissance avec les personnes de qualité qui sont dans les lieux où il va. C'est là, sans contredit, l'une des choses les plus avantageuses à un gentilhomme qui voyage dans des pays étrangers; mais, je vous prie, parmi nos jeunes gens qui voyagent avec des gouverneurs, en voit-on un entre cent qui, dans les pays étrangers, rende visite à des personnes de qualité? Moins encore arrive-t-il qu'ils fassent connaissance avec des gens de qui ils pourraient apprendre en quoi consiste la politesse de ces pays-là, et ce qui s'y trouve de plus remarquable; quoiqu'avec de telles personnes on puisse plus apprendre en un jour qu'en courant un an çà et là d'hôtellerie en hôtellerie, comme font la plupart de nos jeunes voyageurs. Et dans le fond ce n'est pas là une chose fort surprenante : car des gens d'esprit et de mérite ne sont pas fort portés à recevoir dans leur familiarité, de jeunes enfants qui ont encore besoin d'être sous la conduite d'un gouverneur. Mais si un jeune gentilhomme étranger, qui a l'air et les ma-

nières d'un homme fait, témoigne avoir
envie de s'instruire des coutumes, des
mœurs, des lois et du gouvernement des
pays où il voyage, il trouvera par-tout
un favorable accueil auprès des personnes les plus distinguées par leur politesse
et par leur savoir, qui sont toujours
prêtes à bien recevoir un étranger, honnête homme et curieux, à l'obliger, et
à le faire valoir dans les occasions.

§ CCXXII.

Quelque certain que soit tout ce que
je viens de dire, je doute fort qu'il soit
capable de faire changer la coutume
qu'on a prise, de faire voyager les jeunes
gens dans le temps de leur vie le moins
propre à cela, pour des raisons qui ne
sont assurément pas fondées sur leur
avancement. Il ne faut pas, dit-on, exposer un jeune enfant à voyager dans
des pays étrangers à l'âge de neuf ou dix
ans, à cause des accidents qui pourraient
lui arriver dans un âge si tendre et si
délicat; quoiqu'il coure alors dix fois
moins de risque qu'à l'âge de dix-sept

ou de dix-huit ans. Il ne faut pas non plus, à ce qu'on croit, attendre à envoyer un jeune homme hors de chez lui, qu'il ait passé cet âge rétif et dangereux, parce qu'il doit être de retour dans sa patrie à vingt-un ans, pour se marier. Son père a besoin d'argent, et sa mère ne saurait se passer plus long-tems d'une nouvelle troupe de petits enfants, avec qui elle puisse badiner : ainsi notre jeune homme est obligé, quoi qu'il en puisse arriver, d'épouser la femme qu'on lui a choisie, dès qu'il a atteint l'âge de majorité (1). Cependant il ne serait pas mal, pour le bien de son corps et de son esprit, et même pour celui des enfants qu'il doit mettre au monde, que cette cérémonie fût différée pour quelque temps ; et qu'on lui laissât prendre un peu d'avance sur ses enfants, tant à l'égard de l'âge, que par rapport aux lumières de l'esprit ; car il arrive souvent que les enfants suivent leur père de trop près, ce qui n'est pas le sujet d'une

____

(1) C'est vingt-un ans, selon la loi d'Angleterre.

grande satisfaction ni pour le fils ni
pour le père. Mais puisque notre jeune
gentilhomme est prêt à se marier, il est
temps de le laisser auprès de sa maîtresse.

SECTION XXVIII.

CONCLUSION DE TOUT L'OUVRAGE.

§ CCXXIII.

QUOIQUE je sois présentement à la fin de mes remarques sur *l'Éducation des Enfants*, je ne voudrais pas qu'on s'imaginât que je regarde ce que je viens de dire comme un traité complet sur cette matière. Il y a mille autres choses à considérer, et particulièrement si l'on voulait entrer dans l'examen des divers tempéraments, des inclinations différentes, et des défauts particuliers qu'on remarque dans les enfants, et qu'on entreprît de prescrire les remèdes qui y sont propres. Cette matière est d'une si grande étendue, qu'il faudrait faire un volume entier pour la traiter, encore ne suffirait-il pas. Il y a dans l'ame de chaque homme, aussi bien que dans le visage, quelque chose de particulier qui le distingue de tous les autres; et peut-être à peine y a-t-il deux enfants qui puissent être conduits par une même méthode, à prendre la chose dans la dernière précision. D'ailleurs, je crois que l'enfant d'un prince, celui d'un homme de qualité, et celui d'un simple gentilhomme, devraient être élevés d'une manière différente. Mais comme je n'ai eu ici que quelques vues générales par rapport à la fin principale de l'éducation, et cela en faveur du fils d'un gentilhomme de mes amis qui était alors fort jeune, et que je ne considérais pour cet effet que comme du papier blanc, ou de la cire, sur quoi l'on peut imprimer ce qu'on veut, je ne me suis guère attaché à autre chose qu'à traiter les points généraux que j'ai jugés nécessaires pour l'éducation d'un jeune gentilhomme de son rang. Je publie maintenant ces pensées, que l'occasion a fait naître, dans l'espérance que, quoiqu'elles ne contiennent pas un traité complet sur la matière, et que chacun ne puisse pas y trouver ce qui convient précisément à son enfant, elles pourront pourtant donner quelques petites lumières à ceux qui, encouragés par l'intérêt qu'ils prennent à tout ce qui touche leurs chers enfants, sont assez hardis pour oser bien se hasarder à consulter leur propre raison dans la manière dont ils doivent les élever, plutôt que de s'en reposer entièrement sur une vieille coutume.

FIN DE L'ÉDUCATION DES ENFANTS,
DE M. LOCKE.

MÉTHODE

POUR L'ÉDUCATION

DES ENFANTS DE FRANCE.

La manière dont on élève les enfants de France, par rapport à leur santé et leurs études, est réglée et soumise à un plan dont on ne s'écarte jamais : leurs repas consistent en aliments communs ; on leur permet de manger autant qu'ils le veulent, mais on ne leur sert que des choses saines. Le matin, on leur donne du pain sec avec un verre d'eau et de vin, ou d'eau pure, à leur choix.

A dîner et à souper, ils mangent à leur appétit, sur-tout beaucoup de pain et fort peu de fruits crus.

On leur sert, trois jours de la semaine, à dîner seulement, des ragoûts, comme fricassées de poulets, des tourtes, du blanc-manger et autres choses semblables ; on y ajoute le bouilli et le rôti, mais jamais on ne leur donne des viandes salées ni trop assaisonnées, et ce qu'on appelle sauces relevées ou de haut goût.

Les autres jours, ils ne mangent à dîner que du bœuf, avec quelques poulets, poulardes ou perdrix rôties.

Pour leur souper, il est toujours le même ; c'est ou un gigot de mouton, ou une longe de veau, ou bien un alloyau, avec du gibier ou de la volaille, sans aucun ragoût. Leur dessert est un seul massepain ou quelque écorce d'orange.

En carême, ils font plus ou moins de jours maigres, selon leur âge : ils observent aussi le vendredi et le samedi dans les autres temps de l'année : ces jours-là, comme en carême, on a l'attention de ne leur donner que des aliments sains, et principalement beaucoup de friture, parce que le maigre étant ordinairement plus assaisonné que le gras et piquant davantage le goût, on craindrait qu'ils n'en mangeassent trop.

Les jours qu'ils font gras dans les temps d'abstinence, ils mangent en particulier, afin de ne pas choquer la bienséance.

Leurs collations consistent en un morceau de pain sec, ou tout au plus en quelques biscuits, par-dessus quoi ils boivent un verre d'eau.

A dîner et à souper ils boivent du vin, s'ils en veulent, et c'est toujours du vin de Bourgogne, mais ils n'en boivent que deux coups : on leur interdit la bière, le cidre, les vins de liqueur, les eaux rafraîchies, à moins que ce ne soit dans leurs parties de plaisir, qui arrivent rarement ; alors on leur en laisse prendre avec modération.

Tel est leur régime de vie : quant aux exercices du corps, ils sont ainsi réglés. Jamais ils ne se couvrent la tête lorsqu'ils sortent, à moins qu'ils ne montent à cheval ou qu'il ne pleuve : ils s'accoutument tellement à avoir la tête nue, que ni la chaleur ni le froid ou le vent ne leur causent pas la moindre incommodité. Ils font souvent des courses à perdre haleine, et chassent à pied quelquefois des journées entières. Quand ils vont dans les maisons royales, comme Fontainebleau, ils courent le cerf pendant plusieurs heures; en un mot, on les élève comme s'ils devaient être un jour des athlètes, en leur fortifiant le corps par des exercices qui les mettent en sueur sans qu'on leur fasse changer de linge, excepté quand ils jouent à la paume; mais on ne les frotte ni on ne les met point dans un lit, quelque fatigués qu'ils soient de cet exercice.

Ils se promènent régulièrement tous les jours, hiver et été, quelque temps qu'il fasse : ils marchent et courent autant qu'ils le veulent, soit à pied, soit à cheval; s'il leur survient quelque maladie, on ne les saigne ni on ne les purge point : dans le cas de fièvre, on leur donne du quinquina; cependant, si les accidents devenaient graves, on aurait recours aux médecins, et on suivrait le traitement qu'ils prescriraient.

Un rhume n'interrompt point leurs exercices ; on n'y fait attention que quand ils sont opiniâtres, et qu'ils peuvent dégénérer en maladies sérieuses : quand on n'a pas cette crainte, ils sortent, se promènent et font leurs courses comme à l'ordinaire.

Ces princes se lèvent à sept heures trois quarts ; ils sont habillés et ont prié Dieu à huit heures et un quart ; de là ils vont à la messe et ensuite chez le Roi, où ils restent jusqu'à neuf heures et demie, qui est le moment où le Roi va lui-même à la messe : ils retournent chez eux et s'amusent avec leurs gentils-hommes de la manche, le premier valet-de-chambre et le sous-gouverneur, qui sont les seuls qui restent avec les princes dans leur cabinet. A dix heures l'étude commence, et dure jusqu'à midi, qu'ils vont dîner ensemble, s'ils sont plusieurs enfants de France.

Le gouverneur les sert quand ils mangent à leur petit couvert, ce qui arrive tous les soirs et les jours maigres : mais quand ils mangent en public, c'est le

maître-d'hôtel ordinaire qui fait le service. Ils restent à table environ trois
quarts d'heure, et ne les passent jamais : ils rentrent chez eux avec leurs
sous-gouverneurs et leurs gentilshommes
de la manche ; et là ils écrivent, dansent
et dessinent jusqu'à deux heures.

A deux heures, ils jouent à quelques
petits jeux avec leurs gentilshommes de
la manche et leurs sous-gouverneurs,
comme au trictrac, aux échecs, aux
cartes, et cela dure trois quarts d'heure;
ensuite de quoi vient l'étude, si c'est
l'été, et la promenade si c'est l'hiver :
parce que dans la première de ces deux
saisons il fait trop chaud pour se promener à deux heures, et que dans l'autre
il est nuit à cinq. Ainsi, dès le mois de
septembre, la promenade commence à
deux heures trois quarts, et dure jusqu'à cinq heures; et au mois de mai,
l'étude commence à deux heures trois
quarts, et la promenade à cinq heures.

A sept heures, ils font, à leur choix,
une lecture qui les amuse et qui dure
trois quarts d'heure, c'est-à-dire jus-

qu'à l'heure du souper. A sept heures
trois quarts ou à huit heures, quand il
y a appartement, ce qui n'arrive que
deux fois la semaine pendant l'hiver, ils
se mettent à table pour souper ; et,
après le repas, ils rentrent dans leur
cabinet, où ils jouent encore aux jeux
qui leur plaisent avec leurs gentilshommes et les sous-gouverneurs.

A neuf heures ou neuf et un quart,
selon que les maîtres ont été contents
d'eux, ils se couchent, et quelquefois
on les fait coucher plutôt par punition.

Lorsqu'un d'eux a manqué, on le met
aux arrêts chez lui, et on ne lui procure
aucun amusement ; on le laisse s'en-
nuyer, tandis que les autres vont se
promener. Si la promenade ou la chasse
se fait à pied ou à cheval, ils sont toujours accompagnés de trois ou quatre
jeunes seigneurs ; mais pendant le reste
de la journée ils sont avec leurs seuls
domestiques, et jamais jeunes gens ni
pages n'entrent chez eux.

On ne leur permet point de se parler
bas entre eux ni à aucun jeune homme

pendant la promenade ou la chasse ; il n'y a que les sous-gouverneurs, les gentilshommes de la manche, le premier valet-de-chambre, le précepteur, le sous-précepteur, et le confesseur, qui aient ce privilége, encore faut-il qu'ils rendent compte de la conversation au gouverneur.

Quand quelqu'un des princes fait quelque chose de répréhensible en public, le gouverneur, et en son absence le sous-gouverneur ou le principal de ses domestiques qui se trouve auprès de lui, l'en avertit tout bas ; s'il ne se corrige point, la punition suit de près ; et comme ceux qui sont préposés à l'éducation n'ont qu'une autorité dépendante du gouverneur, celui-ci est plus sévère à leur faire subir les punitions dont les principaux domestiques les ont menacés de sa part, qu'à leur infliger des peines pour les fautes qu'ils ont commises en sa présence. On les ménage moins quand ils manquent dans le particulier ; alors on les reprend avec plus de liberté, afin de les rendre plus circonspects lorsqu'ils paraissent en public.

Le séjour qu'ils font à Fontainebleau ou autres endroits royaux est pour eux une espèce de temps de vacance ; ce n'est pas qu'ils n'y étudient, comme ailleurs, au moins une fois par jour ; mais la chasse abrége leurs études, et cet exercice se répète tous les jours.

L'étude et la promenade se fait à l'ordinaire les fêtes et dimanches ; il n'y a que les grandes fêtes où on les en dispense, à cause de la longueur des offices, ce qui n'arrive que cinq ou six fois par an : les autres fêtes et dimanches, ils n'entendent qu'une messe-basse et vont à vêpres ou au salut, c'est-à-dire à l'un de ces deux offices. Ces jours-là, l'étude et les lectures regardent la religion ; on leur donne des thêmes pris dans des livres de piété, et on leur fait traduire l'écriture-sainte ou les pères de l'église qui ont le mieux écrit en latin.

C'est par l'usage et non suivant les règles de la grammaire, dont on ne leur enseigne que les premiers éléments, qu'on leur apprend la langue latine : on préfère cette méthode afin de leur épargner les difficultés qui rebutent la plupart des commençants, et ne pas les fatiguer par un fatras de principes entassés dans les syntaxes ; par ce moyen, on leur rend cette étude moins pénible et plus agréable, et on pique leur curiosité, sans charger leur mémoire, à mesure qu'ils font des progrès.

On ne veut point qu'ils fassent ni vers latins ni vers français, parce qu'il n'est pas de la dignité d'un prince de passer pour poëte ; cependant on leur fait traduire Virgile, Ovide, Horace, afin de leur faire connaître le génie de la langue en poésie, et qu'ils soient en état d'en sentir les beautés.

Leurs études sont différenciées selon leur âge, mais elles ont la même marche pour tous ces princes. On leur donne des instructions suivant les places auxquelles ils sont destinés : l'héritier présomptif de la couronne doit avoir plus de connaissances que ses frères, et on a grand soin de l'instruire de celles qui conviennent à la première place.

On leur inculque de bonne heure de l'aversion pour la pédanterie, en leur disant qu'il vaudrait mieux qu'un prince fût ignorant dans les arts et les belles-lettres, que d'avoir la morgue de paraître savant ; ce serait un ridicule qu'il se donnerait, et on évite de lui inspirer des goûts qui ne conviennent point à sa naissance ni à son état.

L'histoire, la politique et la tactique sont les trois sciences à l'étude desquelles il leur est permis de s'appliquer pour les connaître à fond, sans s'en prévaloir qu'autant qu'ils y seront obligés, s'ils viennent un jour à gouverner. Aussi leur fait-on comprendre qu'un prince qui aurait la manie de passer pour poëte, grammairien, mathématicien, peintre, musicien, philosophe ou théologien, n'aurait que des qualités qui lui seraient communes avec une infinité de gens, souvent ridicules par leur affectation à montrer ou à vanter leur mérite ; néanmoins on leur donne des notions de ces sortes de sciences, afin qu'ils en puissent parler avec justesse devant leurs courtisans, et que ceux-ci n'en paraissent pas mieux instruits qu'eux, ce qui humilierait leur amour-propre.

Comme le temps est précieux pour l'éducation des personnes de ce rang, on n'en perd point à les jeter dans les discussions qu'entraînent la plupart des connaissances étrangères à leur état; on leur apprend ce qu'il y a de beau, de curieux et d'utile dans les sciences et dans les arts, afin qu'ils sachent discerner les vrais talents et qu'ils protégent ceux qui excellent dans les différents genres.

La géographie, la sphère, l'histoire ancienne et moderne, sont les premières leçons qu'on leur donne. A cette étude on fait succéder les fables, un peu de peinture, de sculpture, d'architecture, les fortifications, l'anatomie, et le droit, non pas comme dans les écoles, mais par la lecture des livres qui en traitent et qu'on leur explique clairement et sans pédanterie.

On leur apprend ensuite, pendant un an ou deux, ce qu'il est nécessaire qu'ils

sachent de la philosophie ancienne et
moderne, ainsi que des mathématiques :
on instruit sur-tout l'aîné dans la politique et le commerce, non pas en lui
en donnant des préceptes généraux et
superficiels, mais en lui lisant tout ce
qui a été écrit sur ces matières chez
toutes les nations, par les écrivains les
plus éclairés et les plus judicieux ; et, à
la suite de ces lectures, on fait faire au
prince les réflexions que son discerne-
ment lui suggère.

Pour instruire davantage l'héritier
présomptif de la couronne, on lui met
sous les yeux un tableau en raccourci
de ce qui s'est passé en Europe depuis
la destruction de l'empire romain ; cette
espèce de cathéchisme des princes explique l'origine des peuples, les révolutions des états, leur accroissement, la
nature de leur commerce, leur déca-
dence, les noms et le caractère des
souverains qui les ont gouvernés, leurs
intérêts, leurs maximes en politique,
et les changements qu'ils y ont faits. On
y joint une chronologie exacte, avec

anc diplomatique abrégée, qui contient les traités entre les nations de l'Europe, les infractions qu'ils y ont faites, les guerres qu'elles ont occasionnées, et les malheurs qui en ont été la suite; ce qu'on aurait pu faire pour les éviter, en rapportant les lettres des princes et de leurs ministres, qui dévoilent les causes secrètes qui les ont fait agir, et leurs vues particulières souvent contraires au bien de l'état.

On fait encore lire à ce prince les instructions originales que quelques souverains ont laissées à leurs enfants, comme celles de Charles-Quint à son fils, les testaments de Philippe II, Philippe III et Philippe IV, rois d'Espagne, afin qu'il connaisse non-seulement les états qu'il doit gouverner, mais encore ceux de ses voisins.

Quelquefois même on tient devant lui des conversations dans lesquelles on le fait entrer. On examine les fautes qu'on a commises dans le gouvernement; on lui laisse faire des objections, et on lui propose divers partis. Il est obligé de dire son avis le premier. Après lui avoir fait remarquer le caractère des princes qui se sont mal conduits, on lui inspire de l'aversion pour les fausses maximes de la politique, qui doit être fondée sur la justice et sur la probité, et on appuie ces raisonnemens par les exemples des princes qui se sont mal trouvés d'avoir pris pour guide Machiavel, et d'autres politiques de cette trempe.

Afin de lui mieux faire connaître le caractère des souverains qui ont régné dans tous les temps, on les met en scène avec les princes contemporains, en les faisant dialoguer ensemble : là ils se disent leurs vérités, se reprennent librement de leurs défauts, et se découvrent mutuellement les motifs qui les ont fait agir. On fait agir le portrait de leurs ministres, qu'on démasque, et qu'on critique ou qu'on loue, s'ils le méritent; enfin on sonde, pour ainsi dire, tous les replis de la politique, en n'omettant rien de ce qui peut contribuer à éclaircir le prince, et à lui donner une connaissance entière de l'histoire ancienne et moderne. Les réflexions qui succèdent à ces dialogues aident à lui former l'esprit et le jugement, et lui inspirent de l'amour pour la vertu et de l'horreur pour le vice.

C'est pendant les quatre heures d'étude du matin et du soir, et quelquefois à leurs moments perdus, qu'on donne aux princes ces leçons qu'on a soin de surseoir, afin de les leur faire aimer. L'étude du matin ne les occupe pas plus d'une heure et demie par jour.

On ne leur fait rien apprendre par cœur, à moins qu'ils ne le demandent, parce que cela prendrait une grande partie de leur temps. On veut qu'ils ne sachent du latin qu'autant qu'il en faut pour l'écrire purement, et pour entendre les auteurs. Le matin on leur donne des thèmes, et le soir des versions.

Ces princes ne voyageant presque jamais, on ne leur enseigne des langues mortes que la latine, parce que tous ceux qui viennent à la cour savent parler latin ou français. A l'égard des langues vivantes, l'italien et l'espagnol sont les seules qu'on leur apprenne, après toutefois qu'ils sont assez forts sur le latin pour ne pas confondre ensemble les trois idiomes qui ont une grande ressemblance entr'eux.

On ne leur montre à jouer d'aucun instrument, de crainte que cela ne leur fasse perdre du temps, et ne les rende trop familiers avec leurs inférieurs; mais à la danse, à l'écriture, au dessin, on fait succéder l'étude des mathématiques, on leur apprend à faire des armes, à voltiger, à monter à cheval, et les autres exercices qui en dépendent.

Quand on leur accorde quelque partie de plaisir, il n'y a ce jour-là qu'une étude; on leur procure les amusements qui sont le plus de leur goût, et c'est ordinairement la chasse : on leur donne aussi un grand dîner.

Tel est le plan qu'on suit pour l'éducation des enfants de France. On ne néglige pas non plus de leur inculquer des principes de religion, et de les rendre chrétiens plutôt par des sentiments vertueux que par des pratiques extérieures et pénibles qui ne produisent souvent sur les enfants d'autre effet que de leur donner de l'éloignement pour la piété.

FIN DU TOME DEUXIÈME ET DERNIER.

TABLE

DES PARAGRAPHES ET SECTIONS CONTENUS
DANS LE TOME SECOND.

FIN DE LA TABLE DU TOME SECOND ET
DERNIER.